中社智库

新时代智库出版的领跑者

中社智库

国家智库报告　国际·2025

12

National Think Tank

日本侵华战争及其战后遗留问题和影响

The Japanese War of Aggression Against China and its Postwar Legacies and Impacts

杨伯江　主编

中国社会科学出版社

图书在版编目（CIP）数据

日本侵华战争及其战后遗留问题和影响 / 杨伯江主编. -- 北京 : 中国社会科学出版社, 2025. 8. -- (国家智库报告). -- ISBN 978-7-5227-5571-7

Ⅰ. K265.07

中国国家版本馆 CIP 数据核字第 2025E7D602 号

出 版 人 季为民
责任编辑 范晨星
责任校对 杨 林
责任印制 李寡寡

出 版 中国社会科学出版社
社 址 北京鼓楼西大街甲 158 号
邮 编 100720
网 址 http://www.csspw.cn
发 行 部 010-84083685
门 市 部 010-84029450
经 销 新华书店及其他书店

印刷装订 北京君升印刷有限公司
版 次 2025 年 8 月第 1 版
印 次 2025 年 8 月第 1 次印刷

开 本 787×1092 1/16
印 张 11.75
字 数 110 千字
定 价 68.00 元

编者的话

今年是中国人民抗日战争暨世界反法西斯战争胜利 80 周年。

自 1931 年“九一八事变”起，军国主义日本、纳粹德国和法西斯意大利发动史上最大规模的世界性侵略战争，制造了一场空前浩劫，给人类社会和世界文明带来深重灾难，先后有 61 个国家、超过 20 亿人口被卷入战争，军人和平民伤亡总数达 9000 多万人。[1]第二次世界大战中，亚洲战场开始时间最早、持续时间最长、所作贡献最大。中国处在亚洲主战场的最前线，是抗击日本军国主义侵略的中坚力量，中国人民为捍卫人类和平、维护国际正义立下的不朽功勋永远铭刻在人类正义事业史册上。

军国主义日本是亚洲侵略战争策源地，在疯狂跳

---

① 方连庆等主编：《国际关系史（现代卷）》，北京大学出版社 2001 年版，第 529 页。

梁后最终走向覆灭。1945 年 8 月 15 日，日本天皇裕仁发布“终战诏书”，接受《波茨坦公告》，宣告无条件投降。然而，随着冷战爆发、美国对日政策转向及国内政治生态变化，日本所接受的各项改造、改革半途而废，对侵略战争和战争责任的反省极不彻底。冷战结束后，国际形势剧变，日本“1955 年体制”瓦解，社会“总体保守化”，错误史观开始大行其道，右翼保守势力极力否认甚至美化侵略历史，试图为军国主义翻案，日本政府在历史问题上的立场阶段性倒退。1995 年村山富市首相在日本战败 50 周年之际发表谈话，就日本殖民统治和侵略行为表示“深切反省与道歉”。而 20 年后，2015 年安倍晋三首相的“战后 70 周年谈话”则强调“战后出生的日本人不必背负‘谢罪的宿命’”，刻意回避军国主义日本对亚洲邻国的侵略和殖民历史事实。安倍晋三甚至抛出“侵略定义未定论”。国际法对什么是“侵略”早有定论，包括 1928 年《非战公约》、1946 年联大第 95（Ⅰ）号决议、1948 年远东国际军事法庭的判决以及 1974 年联大第 3314（XXIX）号决议等。[①] 安倍的“侵略定义未定论”以及桥下彻的“慰安妇必要论”、麻生太郎的“效仿纳粹修宪论”之类谎言谬论，不仅是对国际法

① 杨伯江：《安倍右倾化一二三》，《光明日报》2013 年 8 月 14 日。

的公然挑衅，更是对历史的歪曲、对人类道德底线的践踏，是对被侵略国家和人民的亵渎与二次伤害。

那场战争在离我们远去，但历史记忆不会磨灭。相反，洗尽岁月尘埃，更多真相正在浮出水面。2022年8月15日，侵华日军第七三一部队罪证陈列馆首次公开载有“满洲516部队”414名成员信息的《关东军化学部留守名簿》。这份揭露日本研制化学武器并投入实战的重要档案原藏于日本厚生劳动省，2017年被转存至日本国立公文书馆，后经陈列馆研究团队跨国取证才得以获取。这也从侧面印证了，日本政府对反映军国主义侵略罪证的历史资料一直采取刻意无视、极力隐瞒的态度。2024年12月，由日本立教大学名誉教授粟屋宪太郎主编、多学科学者深入毒气战实地调查完成的《毒气战——日军在华暴行调查》中文版正式出版。2025年3月，日本共产党籍参议员山添拓在国会展示第七三一部队进行人体实验的史料，敦促日本政府正视历史、承认事实。

现实一再警示，历史不能忘却，是非必须说清，正义必须伸张。值此中国人民抗日战争暨世界反法西斯战争胜利80周年重要节点，厘清日本侵华战争、战后对日处理及日本战后发展轨迹，无疑具有重大现实意义与学术价值。为此，中国社会科学院日本研究所特组织编纂这本“日本侵华战争及其战后遗留问题和影响”专辑，分三大部分就相关问题展开深入讨论。

一是“日本侵华战争研究”。北京大学臧运祜教授系统分析日本侵华战争期间的决策及其演变过程；上海师范大学苏智良教授、上海交通大学战争审判与世界和平研究院杨彦君研究员、黑龙江省社会科学院高晓燕研究员、武汉大学薛毅教授分别就“慰安妇”、细菌战、侵华日军遗弃化学武器、强制劳工等日本侵华战争遗留问题展开深入探讨。二是“战后对日处理研究”。中国社会科学院日本研究所蒋立峰研究员论证“审判战犯是确立二战后国际新秩序的重要柱石”；南开大学日本研究院宋志勇教授就盟国对日占领政策及战争责任的追究进行系统梳理；中国社会科学院俄罗斯东欧中亚研究所赵玉明副研究员和北京师范大学历史学院硕士研究生崔恺昕就伯力审判的档案发掘与研究以及战后苏美围绕日本生物战的情报博弈进行深入分析。三是“战后 80 年日本发展轨迹研究”。东南大学外国语学院田庆立教授集中分析战后日本和平主义嬗变的理念、制度及实践；中国社会科学院日本研究所吴怀中研究员通过系统梳理战后日本安全政策的变迁，揭示 2012 年以来日本安全政策与军事发展已较大程度偏离了和平主义路线。

还原真相，是对历史最大的尊重；回顾战争，是为巩固胜利成果，维护国际正义，捍卫来之不易的和平与安宁。世界“百年变局”之下，更要坚持以史为鉴，吸取教训，面向未来，携手共建人类命运共同体。

谨以此专辑，致敬先烈，唤醒良知，匡谬立正，助力和平。

杨伯江

2025年6月26日

摘要：2025年是中国人民抗日战争暨世界反法西斯战争胜利80周年。军国主义日本是亚洲侵略战争策源地，给亚洲各国和人民造成深重灾难。值此中国人民抗日战争暨世界反法西斯战争胜利80周年重要节点，厘清日本侵华战争及其战后遗留问题、战后对日处理及日本战后发展轨迹，无疑具有重大现实意义与学术价值。本报告将从三部分就相关问题展开深入讨论。

一是从日本侵华战争期间的决策以及“慰安妇”、细菌战、强制劳工、侵华日军遗弃化学武器等日本侵华战争遗留问题，细化日本侵华战争研究。二是从战犯审判与第二次世界大战后国际秩序、对日占领政策及战争责任的追究、伯力审判与战后苏美围绕日本生物战的情报博弈，深化战后对日处理研究。三是从战后日本和平主义嬗变、日本安全政策的变迁，揭示2012年以来日本安全政策与军事发展已较大程度偏离了和平主义路线。

关键词：日本；侵华战争；战后处理；和平主义

Abstract: This year marks the 80th anniversary of the victory of the Chinese People's War of Resistance Against Japanese Aggression and the World Anti-Fascist War. Militarist Japan was the epicenter of aggressive wars in Asia, inflicting profound suffering on Asian nations and their peoples. On this important anniversary, gaining a deeper understanding of the Chinese People's War of Resistance Against Japanese Aggression, the post-war settlement with Japan, and Japan's post-war development trajectory holds significant contemporary relevance and academic value. This book will delve into these issues in three parts.

The first part focuses on research on Japan's War of Aggression Against China, covering wartime decision-making and unresolved issues such as the "comfort women" system, germ warfare, chemical weapons deployed by Japanese militarists, and forced labor. The second part addresses the post-war settlement with Japan, including the trials of war criminals and the post-war international order, Allied occupation policies, the pursuit of Japan's war responsibilities, and the Khabarovsk Trials alongside the Soviet-US intelligence rivalry over Japan's biological warfare program. The third part examines the evolution of Japanese pacifism and shifts in its security policies, revealing that since 2012, Japan's security policy and military development have deviated markedly from the pacifist path.

Key Words: Japan, the Chinese People's War of Resistance Against Japanese Aggression, Post-war Settlement, Pacifism

目　　录

日本侵华战争研究

战后对日处理研究

战后80年日本发展轨迹研究

一　日本侵华战争期间的决策及其演变*

从1931年9月“九一八事变”到1945年8月日本无条件投降，日本帝国主义发动了从局部到全面、历时14年的侵华战争，给中华民族带来了空前巨大的灾难。日本侵华战争大致可划分为局部侵华战争时期、全面侵华战争前期、全面侵华战争后期三个历史阶段，日本以政略与战略为中心的侵华政策的历史演变，呈现出全面性、计划性和必然性的特点。

（一）局部侵华战争期间的政策

1931年9月18日，日本发动“九一八事变”，拉开了其局部侵华战争的序幕。在侵占中国东北三省并扶植建立伪满傀儡政权后，日本继续向华北地区进犯，

---

* 作者为臧运祜，北京大学历史学系教授。

并发动了“华北事变”，企图将华北五省从中国分离出去。该计划未能迅速实现，日本在对侵华政策进行调整的过程中，迅速走向了全面侵华战争。

1.“九一八事变”后的对华政策

“九一八事变”发生后，1931 年 10 月 8 日，日本陆军三长官（即陆军大臣、参谋总长、教育总监）召开共同会议并制定了《处理时局方针政策》，除了提出“满蒙政策”之外，还规定了针对“中国本部”[①]的政策。犬养毅内阁成立后不久的 1932 年 1 月 6 日，关东军高级参谋板垣征四郎在东京得到了一份由日本陆军省、海军省、外务省共同拟定的文件《处理中国问题的方针纲要》，其中不但分别规定了针对“满蒙”与“中国本部”的政策，而且围绕“中国本部”政策又具体规定了根本方针和处理纲要。这份文件的出台，标志着日本对“中国本部”的政策，最终完成了从军部到政府的“国策”决定程序。

“五一五政变”[②] 后成立的斋藤实内阁，为了实施所谓的“自主外交”，其起用原“满铁”总裁内田康哉

① 日本帝国主义在侵略中国的过程中，为挑拨中国民族矛盾，刻意炒作“中国本部”概念，妄称中国领土只包括内地 18 省。

② “五一五政变”是指 1932 年 5 月 15 日以日本海军少壮军人为主在东京发动的法西斯政变，首相犬养毅在政变过程中被杀。

担任外务大臣。1932年8月27日，斋藤内阁以“阁议”[1]方式通过了《从国际关系出发处理时局的方针》。该文件明确规定了日本今后“在国际关系中处理时局的方针”；而关于对华政策则提出“日本对‘中国本部’的政策，要与帝国对‘满蒙’的政策分开”，并在附件“甲号”中规定了对中国各地方政权的一般原则，以及针对上海方面、沿海及长江沿岸地区和“山东地方及华北”的不同对策。斋藤内阁的上述决定表明，日本将参照伪满洲国模式，对中国实行“分而治之”的政策，从而完成了“九一八事变”后日本在对华政策上的过渡。

2. “华北事变”前后的对华政策

1933年元旦，日军制造“山海关事件”，由此开始向中国华北地区发起进攻，并最终演变为分裂华北五省[2]的“华北事变”。

广田弘毅出任外务大臣后，斋藤首相创设“五相会议”决策方式，即由首相、外务大臣、陆军大臣、海军大臣、大藏大臣五大臣共同议定对外政策。1933年10月21日的“五相会议”决定了日本的外交方针，

① “阁议”是指日本内阁全体阁僚参与的会议。

② 所谓“中国华北五省”，指当时的河北、山东、山西、察哈尔、绥远省以及北平、天津、青岛市在内的华北地区。

分别制定了对中国、苏联和美国的政策；其中，在“对华方针政策”中提出要“在帝国的指导下，实现‘日满华’三国的合作共助”，这一“在帝国的指导下”的方针，既反映了日本军部的意志，又体现了日本对华政策的内在本质。

为落实上述方针，1934年6月起，日本外务省及陆军省、海军省的有关官员围绕“中国问题”频频交换意见。到12月7日，冈田启介内阁的外务省、陆军省、海军省三大臣召开“三相会议”，共同制定了《关于对华政策的文件》，明确规定日本对华政策的宗旨是：第一，使中国追随以日本帝国为中心的方针；第二，扩张日本在中国的商权。而在具体规定中，既有一般性的方针，也有分别针对南京国民政府、华北政权、西南派及其他地方军阀政权的政策，还有关于扩张商权的对策。这是新形势下日本对华政策的代表性文献。

1935年1月12日，日本外务省、陆军省、海军省分别向其驻华机关传达了该文件。据此，从1935年年初开始，日军在华北地区频繁制造各种事件，后被中方统称为“华北事变”。① 其间，为了应对中国政府提出的改善中日关系三项原则，冈田内阁10月4日通过了外务大臣、陆军大臣和海军大臣达成的《关于对华

① 日本在1937年7月7日发动的全面侵华战争，也曾一度被其称为“华北事变”，见本章以下部分内容；笔者在本章中的使用系依据中国方面的统称。

政策的谅解》，提出了三个原则："中国采取对日亲善政策；中国方面最终要正式承认满洲国，当前要在华北方面实现其与满洲国之间经济文化的融合与合作；中国方面在与外蒙古接壤的地区，采取日方所希望的各项措施。"[①] 这三项原则[②]是日本"利用外交手段征服中国的计划"。

1936 年 1 月 13 日，日本陆军省对中国驻屯军司令官发出了第一次《处理华北纲要》，明确了日本对华北地区政策的主旨是实现"华北自治"；"自治"区域为华北五省（河北、山东、山西、察哈尔、绥远），首先完成冀、察两省及平、津二市的"自治"，其他三省自动与之合流，并支持"冀东政府"的独立性。至此，日本的华北政策正式上升为国策，即仿效建立伪满洲国的做法，经由所谓"华北自治"进而分裂全中国。

3. 对华政策的确立、调整与再确立

"二二六政变"[③] 后，受日本国内法西斯主义的影

① 外務省編纂：『日本外交年表主要文書』（下）、第 303—304 頁。

② 1936 年 1 月 21 日，广田弘毅外相在第 68 次议会上发表的外交演说，公开了日本政府的对华三原则，简称"广田三原则"，其内容主要有：第一，中国取缔一切排日运动；第二，承认伪满洲国；第三，中日共同防共。参见外務省編纂『日本外交年表主要文書』（下）、第 324—329 頁。国民政府于次日发表声明，对此予以了驳斥和否定。

③ "二二六政变"是日本法西斯少壮军官发动的军事政变，是日本陆军内部皇道派与统制派之间的一次尖锐较量。

响，日本军部进一步掌控了国策的决定权。1936 年 6 月 30 日，日本陆军、海军方面共同决定《国策大纲》，提出了“南北并进”的对外战略方针，并要求政府据此制定相关政策。8 月 7 日，广田弘毅内阁召开“五相会议”决定了《国策基准》，规定日本的基本国策为“确保帝国在东亚大陆的地位，同时向南方海洋扩张发展”；随后又召开“四相会议”① 决定了《帝国外交方针》，确定日本的对外政策，其中对华政策仍参照“广田三原则”。8 月 11 日，广田内阁相关省厅审议通过了《对华实行策》和《第二次处理华北纲要》。这一系列文件的出台，标志着日本以华北政策为中心的对华政策全面确立。

1936 年年底中国绥远抗战的胜利及西安事变迅速和平解决，使日本贯彻对华政策的企图遭到挫败。1937 年年初，日本朝野掀起了“对华再认识”的潮流。2 月 2 日成立的林铣十郎内阁，准备调整既定政策。3 月 3 日，佐藤尚武就任外务大臣，继续对华北政策进行调整。4 月 16 日，外务、大藏、陆军、海军四大臣最终审议通过了《对华实行策》和《指导华北方策》。但是，5 月 31 日林铣十郎内阁总辞职、“佐藤外交”夭折，上述政策未被付诸实施。

1937 年 6 月 4 日，近卫文麿内阁成立，广田弘毅

① 即首相、外务大臣、陆军大臣、海军大臣参加的会议。

再次出任外务大臣。近卫首相在第一次施政演说中就明确表示日本要继续实现“大陆政策”。6月12日，近卫首相在谈及对华政策时又指出要遵循“广田三原则”。7月6日，近卫内阁召开首次阁议，广田外务大臣表示日本方面必须对华“毅然推行正确的政策”，这一发言得到全体阁僚的一致同意。此时，已经到了“七七事变”的前夕。

（二）全面侵华战争前期的决策

1937年7月7日“七七事变”（又称“卢沟桥事变”）爆发后，日本迅速采取了扩大战事的方针，走向全面侵华战争。其后，日本确立了以政略与战略为中心的侵华政策，在军事打击国民政府的同时，集中诱降汪精卫集团投敌卖国，并于1940年年底承认汪伪国民政府。

1. 从“第一号国策”到第一次御前会议：全面侵华政策的确立

“七七事变”爆发后，近卫内阁于7月9日召开“四相会议”，决定此次事件的原因在于中方；如果中方不反省，日方将及时采取适当措施；日本政府的解决方针是要求中国军队撤退、处罚负责人、中方道歉并加以保证。11 日下午近卫内阁举行内阁会议，确定了上述根本方针，与会阁僚均赞同要举国一致，近卫首相上奏昭和天皇并获得裁可。随后，日本政府立即增兵华北，并将此次事件定名为“华北事变”。20 日，近卫内阁召开会议，决定将日本国内三个师团派往中国华北。27 日，近卫首相在第七十一届议会上发表施政演说宣称政府已经下了重大决心，而且获得了各方面的支持。28 日，军令部部长发布“大海令第一号”，要求日本海军协助支援陆军参战。29 日，参谋本部制定《对华作战计划大纲》，确定了日本陆军的作战方针。日本政府与军部统一步调、一致决定继续扩大“华北事变”，全面侵华战争正式展开。

1937 年 8 月 13 日，日本海军在上海挑起“八一三事变”[①]，南京国民政府增调军队进行抗击。8 月 15 日，日本政府正式发表陆军大臣起草的声明，宣称将“采取断然措施，惩罚中国军队，以促使南京政府的反省”。9 月 2 日，日本政府在临时阁议上决定将“华北事变”改称“中国事变”。[②] 4 日，昭和天皇在第七十二届议会上发表开院“敕语”，代替日本的宣战诏书。

① “八一三事变”是指 1937 年 8 月 13 日日本帝国主义为扩大侵华战争而在中国上海蓄意制造的事件。

② 日本对中国不宣而战后，将此次侵华战争定名为“中国事变”，目的是便于从第三国输入军需品和原材料。1941 年 12 月 7 日太平洋战争爆发后，日方正式将“中国事变”纳入“大东亚战争”。

5日，近卫首相发表施政演说，声称要断然采取针对中国军队的积极且全面的大打击。

日本发动的侵华战争迅速向华北、华中地区扩大，但日军三个月亡华的企图难以实现。为此，日本外务省准备借助战果，与南京国民政府重开谈判，以战诱降。日本外务、陆军、海军三省的官员在9月进行了十多次研究，并于10月1日将“四相会议”决定的《处理中国事变纲要》上奏昭和天皇。这是日本全面侵华战争期间的“第一号国策”，其分为“总则”“准则”及“附件”三部分，规定了日本处理“中国事变”的宗旨，即“综合运用军事行动的战果与适当的外交措施，尽快结束此次事变”，也就是要综合运用战略与政略手段完成侵华战争。至12月底日军侵占南京时，日本陆军、海军及外务三部门已经完成了处理“中国事变”的根本方针文件，并建议召开御前会议作出决定。

1938年1月11日，昭和天皇主持召开侵华战争期间的第一次御前会议。① 为了协调政府与军部的方针，日本首先召开了“大本营—政府联席会议”，审议了有关政策文件。御前会议在皇宫召开，参加者有陆军参谋总长、次长，海军军令部总长、次长，内阁首相、

① 日本在甲午战争、日俄战争期间，也曾经分别召开过“御前会议”。

陆军大臣、海军大臣、外务大臣、内务大臣、大藏大臣，以及枢密院议长等。会议决定的《处理中国事变的根本方针》提出，要密切运用政略和战略，实施以下侵华对策：第一，当中国中央政府以诚意求和时，根据日本的条件进行谈判；第二，如果中国现政府不求和，则今后不以其为解决事变的对手，将扶持建立新的中国政权，并使中国现中央政府崩溃或归并于新政权之下。1 月 15 日是日本要求中国政府给予“求和”答复的最后期限，但中国政府并未答复，日本就此认定中国无求和之诚意。16 日，经昭和天皇批准，近卫首相发表声明称“今后不以国民政府为对手，期望建立真能与帝国合作的中国新政权并与之发展关系”。第一次“近卫声明”公开对外宣示了第一次御前会议决定的对华政策方针。

2. 第二、第三次“近卫声明”与第二次御前会议的对华新政策

按照第一次御前会议决定的方针，日本继续交互运用政略与战略，力图在 1938 年年内结束“中国事变”。具体而言，侵华日军接连发动了徐州作战、汉口作战与广州作战，企图击溃中国的抗战力量，然后转入长期侵华战争；日本政府则从政略上予以配合，针对中国政府继续开展“和谈”诱降工作，但并未取得

成效。

1938年10月日军侵占广州、武汉后，日本对华战略进攻达到极致，随后进入了战略持久、政略进攻时期。11月3日近卫首相发表第二次“近卫声明”，正式标志着日本对华转入政略进攻阶段。第二次“近卫声明”改变了第一次“近卫声明”的立场而宣告了以往对华政策的失败，且第一次明确提出日本处理“中国事变”的新目标——建设“东亚新秩序”。同时，日本陆军特务机关在上海“重光堂”与汪精卫卖国集团进行秘密谈判，到11月20日达成了一系列文件（又称“重光堂协定”）。

经过“大本营—政府联席会议”的审议，1938年11月30日，日本召开第二次御前会议，通过了《调整中日新关系的方针》，规定了对华关系的三项原则：其一，善邻友好；其二，共同防卫；其三，经济合作。随后，汪精卫于12月20日逃离重庆，并经昆明到达越南河内，公开叛国投敌。近卫首相应约于22日发表第三次声明，宣布第二次御前会议决定的上述对华三原则。从此，日本以“近卫三原则”取代“广田三原则”，对华实施新政策。

3. 设置“兴亚院”与扶植、承认汪伪政权

日本对华转入政略进攻以后，其主要的决策与施

策机关也调整为近卫内阁设立的“兴亚院”。1938年12月16日，日本政府公布“兴亚院”官制，并任命了主要官员，随后又分别在东京和中国各地组建了中央总部和地区联络部。1939年3月11日，日本政府公布“兴亚院”各地区联络部的主官：华北联络部长官喜多诚一、“蒙疆”联络部长官酒井隆、华中联络部长官津田静枝、厦门联络部长官水户春造、华北联络部青岛派出所长官柴田弥一郎。日本设置的“兴亚院”，是“集日本从前在中国到处制造罪恶的种种特务机关之大成的一个总特务机关”，“这种做法，是要使整个中国支离灭裂，而且不只要亡中国，也危及整个亚洲”。①

“兴亚院”成立后处理“中国事变”的最大成果，就是诱降汪精卫并扶植其组建伪国民政府。1939年9月中旬，“兴亚院”出台《关于准备建立中国中央政府的对策纲要》。11月1日，“兴亚院”召开会议决定了《中央政治会议指导要领》。与此同时，日本在上海设立的特务机关“梅机关”与汪精卫集团经过谈判，共同签署了“关于调整中日新关系的协议书”。这一系列文件被称为“日汪密约”，是汪精卫集团卖

① 中国第二历史档案馆编：《中华民国史档案资料汇编》（第五辑第二编·外交），江苏古籍出版社1997年版，第56页。日本发动太平洋战争后，为实现建设“大东亚共荣圈”的战略目标，于1942年11月1日设立了“大东亚省”，“兴亚院”被归入该省并改称“中国事务局”。

国投敌的“卖身契”。日本方面认为通过签署密约，其取得了“确保政治、外交及文化上的权利”“确保地区实权”“掌握军事实权”“获得经济权利”等“重要成果”。对此，蒋介石曾发表声明斥责“日汪密约”超过了日本对华“二十一条”。

1940年3月30日，以汪精卫为首的伪国民政府在南京成立。但日本并不急于承认汪伪政权，而是继续与其进行谈判。11月13日，日本召开第四次御前会议，确定了“日华基本条约”方案。11月30日，阿部信行在南京与汪精卫正式签订了“日本国与中华民国间关于基本关系的条约”及“附属议定书”，此外尚有“附属秘密协约”“附属秘密协定”及“秘密交换公文”等。由这一系列文件构成的“日华基本关系条约”，实现了第二次御前会议决定的对华新政策，也成为日本发动全面侵华战争以来在政略方面的重要“成果”，“从签订条约的形式来看，日本政府的战争目的，可以说已大体实现”。次日，国民政府外交部就日汪签订伪约发表声明，指出：“日方此举，实为企图在中国及太平洋破坏一切法律与秩序，而继续其侵略行动进一步之阶段。”

（三）全面侵华战争后期的决策

1940年夏季，日本将建设“大东亚共荣圈”确定为国策。随着“南进战略”的实施，1941 年年初日本开始与美国谈判，但以失败告终。日本不可能放弃“大陆政策”，于是迅速发动了针对美国、英国等的太平洋战争，将侵华战争也纳入其中。此后，在中国战场上，日本在重点进攻中共敌后根据地、有限打击国民党正面战场的同时，实施以汪伪政权为主的“对华新政策”。但是，由于在太平洋战场的失败和中国人民的坚持抗战，日本最终走向战败与投降。

1. 太平洋战争开战前后的对华政策

1940 年 7 月，第二次近卫文磨内阁将建设“大东亚新秩序”即“大东亚共荣圈”确立为日本的国策，并决定不管“中国事变”解决与否，日本都要在自认为“内外各种形势有利”的情况下放手武力南进。1941 年 6 月 22 日苏德战争爆发后，日本召开第五次御前会议，决定不对苏参战而继续处理“中国事变”，并规定“为了实现南进政策，将不惜对英、美一战”。

开战之前，日本还企图通过谈判迫使美国让步。1941 年 7 月 18 日第三次近卫内阁成立，9 月 6 日日本召开第六次御前会议，决定在 10 月上旬通过对美谈判实现其诉求。10 月 18 日东条英机组阁，11 月 5 日日本召开第七次御前会议，决定《帝国国策实行要领》，要求在12月初对美国、英国、荷兰开战之前继续对美谈判，再次提出日方诉求。11月26日，美国国务卿以备忘录的形式正式提出了美国方面的诉求：日本从中国和法属印度支那撤走一切陆海空军及警察，否认重庆中华民国政府之外的其他中国政权，撤销在华治外法权。这是前所未有的严厉措施，日本绝不可能接受。12月1日，日本召开第八次御前会议，决定对美国、英国开战。8日，昭和天皇发布“宣战诏书”，“中国事变”也被纳入“大东亚战争”。

日本决定开战之后，不允许伪满洲国与汪伪政权参战，企图继续加紧对重庆方面开展所谓“和平”工作，以促使蒋介石政权最终屈服。但直到1942年7月底，日本感到“重庆方面已死心塌地依靠英美”，遂将政治诱降的重点转向非蒋系的中国地方实力派，并将阎锡山作为其实施政治谋略的重点，但双方会谈破裂。上述政治攻势失败后，日军大本营又试图利用太平洋战争初战获胜的成果，对中国战场进行大规模的进攻作战，以攻占重庆作为结束“中国事变”的手段。① 但直到1942年年底，日本以重庆政府为对象解决“中国事变”的企图也未能实现。

① 日军将此次作战计划定名为“五号作战”，但不久后该作战计划被迫放弃。

2. “对华新政策”的实施及其失败

为继续进行全面侵华战争，随着“大东亚省”的设置，日本提出了主要针对汪伪政权的“对华新政策”。1942 年 12 月 21 日，日本召开第九次御前会议，决定了《为完成大东亚战争之对华处理根本方针》，分别在政治与经济政策方面规定了针对汪伪政权的具体措施。这与其说是“对华新政策”，不如说是对以往对华政策失败的自我宣告。1943 年 1 月 9 日，日本鼓动汪伪政权“参战”。5 月 31 日，日本召开第十次御前会议，通过了《大东亚政略指导大纲》，关于对华政策，规定“应将‘日华基本条约’予以修改，并签订日华同盟条约”。9 月 18 日，“大本营—政府联席会议”决定了《签订日华基本条约修正条约的纲要》及《对重庆政治工作》，意味着日本将在与汪伪政权签订“同盟条约”的同时，重新开启针对重庆方面的政略工作。

一方面，1943 年 9 月 30 日，日本召开第十一次御前会议，通过了《今后应采取的战争指导大纲》，在战略上被迫从“绝对防卫线”后退到“绝对国防圈”。随后，日本加速与汪伪政权进行签署“日华同盟条约”的谈判，并在 10 月 30 日于南京签署了上述“条约”及其“附属议定书”。另一方面，直到 1943 年年底，日本对重庆的政略工作仍然无果。

3. 日本投降前的对华政策

1944年年初，日本发动对华“一号作战”①。这次战役历时近一年，是侵华战争后期日军对中国正面战场的最大规模进攻作战，对重庆国民党政权造成了极大的军事打击，但也难以挽回日本在太平洋战场的败局。7月18日，东条英机内阁垮台。

小矶国昭内阁上台后，企图继续利用“一号作战”加紧对华施策，并将重点又转向了对重庆方面的政略攻势。根据8月19日第十二次御前会议的决定，9月5日日本召开“最高战争指导会议”，制定了《关于实施对重庆政治工作的文件》。但是，11月10日，汪精卫客死日本，导致日本对诱降重庆的工作更显悲观。12月13日，最高战争指导会议决定了《关于指导在当地对重庆政治工作的文件》，但中国派遣军司令官冈村宁次大将所主持的对重庆的诱降工作并无明显成果。小矶首相还企图通过伪国民政府“考试院”副院长缪斌对重庆开展诱降工作，却被昭和天皇叫停，内阁宣布总辞职。

铃木贯太郎内阁成立后，日本决定继续进行“本土决战”。1945年6月8日，日本第十三次御前会议

① 中国方面称为“豫湘桂战役”。

决定了战争期间的最后一份文件《今后应采取的指导战争的基本大纲》，提出“要灵活有力地推行对外政策，特别着重于对苏、对华政策，以利于进行战争”。但日本的“求和”工作最终失败，对华政策也一筹莫展。7月26日，中、美、英三国发表敦促日本无条件投降的《波茨坦公告》，并宣示《开罗宣言》的条件必将实现。8月8日，苏联对日宣战。14日，昭和天皇在宫中召集最后一次御前会议，被迫接受《波茨坦公告》。15日，日本政府宣布无条件投降。

（四）小结

综上所述，关于日本侵华战争期间的决策问题，可形成以下几点历史认识。

第一，从决策机制看，日本侵华战争具有全面性。在局部侵华战争期间，日本的对华政策主要由日本政府全体阁僚出席的“阁议”，或者主要由外务、陆军与海军大臣参加的“三相会议”以及包含首相与大藏大臣的“四相会议”“五相会议”进行决策。进入全面侵华战争阶段，为了统一政府与军队之间的决策，日本设立了决策机构“大本营—政府联席会议”，并在此基础上设置了昭和天皇出席的“御前会议”，以最终决定侵华战争的主要国策，小矶内阁时期还一度设立了“最高战争指导会议”。上述机构形成的一系列决策文书，成为日本侵华战争期间的最高指导方针。这说明日本侵华战争的决策，是以昭和天皇为首、包括政府与军部在内的日本最高统治集团作出的全面决策；所谓“二元外交”或者“军部独走”以及“无责任体系”的观点，其意在掩盖或者否认日本侵华战争的历史责任。

第二，从决策过程看，日本侵华战争具有计划性。“九一八事变”后，日本在扶植与承认伪满洲国、实现“满蒙政策”的同时，就决定了针对“中国本部”的政策。1933 年开始的新一轮侵华行动演变为 1935 年“华北事变”，日本随之确立了以分裂华北政策为中心的对华政策。“七七事变”以后，日本从侵略华北迅速扩大为以“中国事变”为名的全面侵华战争，并发动了战略进攻；侵占广州、武汉以后，对华转入持久战略，主要采取政略进攻，直到 1940 年扶植并承认汪伪政权。伴随“南进战略”的实施，日本于 1941 年发动了太平洋战争并将侵华战争纳入其中，但在中国战场主要进攻敌后抗日根据地的战略无效，继续诱降重庆政府的政略也没有成果，“对华新政策”最终失败。上述过程足以说明日本侵华战争所具有的计划性，并不能因个别历史事件的偶发性、断裂性而被有意地否定。

第三，从决策内容看，日本侵华战争具有必然性。

近代日本自明治维新后期形成以中国为中心的“大陆政策”，并通过甲午战争、日俄战争及第一次世界大战得以初步实施。1927 年田中义一内阁召开东方会议进一步确立了“以分离满蒙为中心”的对华政策，“九一八事变”就是日本实施“满蒙政策”的结果。随后，日本继续策划与实施“以分离华北为中心”的对华政策，1936 年广田内阁确立了大陆政策与海洋政策并进的国策，并在“七七事变”后走向全面侵华战争。到 1940 年年底，以承认汪伪政权并与其签订伪约为标志，日本的“大陆政策”基本得到实现。日本继续南进并发动了太平洋战争，企图以此促进“中国事变”的解决，但最终战败投降。可以说，从“九一八事变”“华北事变”“中国事变”到“大东亚战争”，这一系列战争决策的内容印证了“田中奏折”① 所体现的侵华战略方针与计划，其历史事实难以被否认。

战争是政治的继续，战略服从于政略。日本帝国主义为实现“大陆政策”而发动的侵华战争，是一场精心策划的非正义战争，其失败的历史结局也是必然的。以史为鉴，继续走和平发展之路，才是对历史教训的正确总结。

---

① 1927 年东方会议召开后，田中义一首相于 7 月 25 日将会议决定的对华政策上奏昭和天皇，是为“田中奏折”，其中规定了日本侵略中国的“新大陆政策”。

二　日本侵华战争遗留问题

2025年是中国人民抗日战争暨世界反法西斯战争胜利80周年，在那场伟大胜利背后，日本侵华战争遗留问题犹如历史长河中的阴霾至今仍未完全消散，持续影响着中日关系以及地区和平与稳定的大局。

（一）日军“慰安妇”问题[1]

第二次世界大战时期，日本政府及军队高层自上而下推行并实施了“慰安妇”制度。这一制度的本质是军事性奴隶制度，数十万名各国女性被强征成为日本军队的性奴隶，因而是严重侵犯妇女人权的战争犯罪。由于人类社会对女性人权重要性认识的缓慢进展导致战后审判中针对女性的大规模战争犯罪未被追究、起诉，定罪工作遭到忽略，更由于日本政府的有意遮

① 本节作者为上海师范大学苏智良教授。

掩乃至对战争责任的推卸，在第二次世界大战后的很长时期里，人们对日本战时实施军事性奴隶制度——“慰安妇”制度的历史事实几乎一无所知，也使其演变为第二次世界大战之后的重大遗留问题。但是，自1991年韩国幸存者金学顺举证以来，各国历史学者潜心调查和寻找史料，基本复原了这个隐秘事件的历史事实。

1. 日军“慰安妇”问题研究的历史进展

日本是最早研究“慰安妇”问题的国家之一。20世纪70年代之后，记者千田夏光出版了一系列关于“慰安妇”的著作。[①] 1991年，日本律师高木健一出版了《从军慰安妇与战后补偿》[②] 一书，中央大学吉见义明教授编辑了《从军慰安妇资料集》[③] 及其他著作，林博史、川田文子、西野瑠美子、松井耶依、中原道子、池田惠理子、金富子等也陆续出版了相关论著。1993年4月，荒井信一、吉见义明等日本进步学者发起设立民间研究机构——“日本战争责任中心”，并创办了《战争责任研究》(季刊)，开设“慰安妇”问题

① 千田夏光：『従軍慰安婦「声なき女」八万人の告発』、雙葉社、1973年；千田夏光：『續·従軍慰安婦』、雙葉社、1974年；千田夏光：『従軍慰安婦悲史戦史の空白部分を抉る』、ェルム，1976年。

② 高木健一：『従軍慰安婦と戦後補償』、三一書房、1992年。

③ 吉見義明：『従軍慰安婦資料集』、大月書店、1992年。

专栏，对该问题进行多视角研究，以揭示日本政府和军队有计划、有组织地设置慰安所并强征“慰安妇”的性暴行。至此，日本学界围绕日军“慰安妇”问题研究确立了学术基础。

在韩国，梨花女子大学尹贞玉教授等于1990年11月成立“韩国挺身队问题对策协议会”，专门研究朝鲜半岛的“慰安妇”问题，多次寻访受害幸存者，搜集大量宝贵史料。该组织分别于1993年、1997年出版了《从军慰安妇证言录》第一、第二卷，为“慰安妇”问题的研究作出了开拓性贡献。此后，韩国政府在女性家族部下设立“慰安妇研究所”，主持该项调查、研究和国际交流的推进工作；高丽大学通过实施“日军‘慰安妇’记录史料数据库建设项目”等，整理了8万多项关于“慰安妇”的国内外公文、报道资料、受害者留存记录和相关研究成果等。

在中国，20世纪90年代中期，海南省政协推动对日军罪行的调查，《铁蹄下的腥风血雨——日军侵琼暴行实录》①收录整理了海南各地政协调查与征集的抗战资料，引起国内外史学家、中日法学家以及日本有关团体对“慰安妇”问题的关注。自此，中国学者陆续出版了一批研究著作，填补了这一领域的研究空白。

① 符和积主编：《铁蹄下的腥风血雨——日军侵琼暴行实录》（上、下、续册），海南出版社1995年、1996年版。

而且，从 1995 年到 2010 年，中国山西、海南、台湾的“慰安妇”制度受害者陆续在东京提出了五起以日本政府为被告的赔偿起诉案，虽然最终都以原告败诉而结案，但日本最高法院确认了日本侵略军对中国妇女实施性暴力的侵害行为，也确认了该行为对中国妇女造成的侵害后果至今仍在持续。

不仅如此，联合国人权委员会于 1996 年发布关于日本“慰安妇”问题报告，明确认定其为军事性奴隶制度的反人权犯罪，敦促日本政府承认错误、承担责任、进行道歉和赔偿。与此同时，美国、加拿大、欧盟、荷兰等的国会或议会，以及国际法学会、国际劳工组织等也先后作出决议，要求日本政府端正态度、真诚对待。

2. 日军“慰安妇”问题研究的主要前沿成果

近 10 年来，关于抗日战争的档案资料不断公开。比如中央档案馆主编的 120 册《中央档案馆藏日本侵华战犯笔供选编》①，自 2015 年陆续出版，共收录了押解在抚顺战犯管理所的 842 名日本战犯的笔供。另外，耗费巨资建立的“抗日战争资料平台”也为抗战史研究提供了坚实的史料基础。以史料为基础，加上世界

① 中央档案馆编：《中央档案馆藏日本侵华战犯笔供选编》（共 120 册），中华书局 2015 年、2017 年版。

各地学者30年来不间断的田野调查和学术研究，日军在战争期间于各占领地推行“慰安妇”制度的概况基本明晰。可以确认的是，日军建立的各种类型慰安所达2000多个，仅中国的受害者就在20万人以上，中国大陆有350余名幸存者，但随着时间流逝，截至2024年年底，经上海师范大学中国“慰安妇”问题研究中心调查确认的中国大陆地区登记在册的日军“慰安妇”制度受害幸存者仅剩8人。

关于日军“慰安妇”问题研究的一些前沿动向值得关注。以世界记忆名录的申报工作为例。2014—2015年，中国以《南京大屠杀档案》和《“慰安妇”——日军性奴隶档案》两个项目申请世界记忆名录，遭到日本强烈反对。日本一面指责中国将申遗政治化，一面却申报了两个与战争记忆相关的项目，即鹿儿岛县“知览特攻和平会馆”提交的333份第二次世界大战时期日本“神风特攻队”的遗书项目，以及《生还回舞鹤——被拘在西伯利亚的日本人归国记录（1945—1956年）》项目，日方的指责完全是双重标准。而且，就在2015年，日本的执政党自民党成立了“检证盟军占领政策、东京审判‘侵略战争’认定及现行宪法成立过程的党内委员会”，由时任日本首相安倍晋三亲自挂帅，把应对“南京大屠杀”“慰安妇”问题作为重要议题。事实上，此次世界记忆名录评审工作遭遇了前所未有的外交压力和干预，有专家注意到联合国教科文组织总干事博科娃非常罕见地将公布新提名项目的时间推迟了三天。换言之，直到2015年10月9日晚，联合国教科文组织才在官网上公布了2015年入选世界记忆名录的项目名单，最终选定包括中国的《南京大屠杀档案》以及日本的《生还回舞鹤——被拘在西伯利亚的日本人归国记录（1945—1956年）》在内的47份历史档案。令人遗憾的是，由于日本千方百计阻挠，《“慰安妇”——日军性奴隶档案》申遗未获成功。

不仅如此，2016年，根据联合国教科文组织的提议，韩国、中国、日本、荷兰、菲律宾、东帝汶、印度尼西亚等国家和地区的14个民间团体共同组成国际联合申遗委员会（ICJN），并联合英国伦敦的“皇家战争博物馆”等，共同申请将《“慰安妇”的声音》收入世界记忆名录。该项目被联合国教科文组织接受并通过初审，编号为“2016-101”，世界记忆名录项目小组委员会（RSC）也曾评价《“慰安妇”的声音》项目符合提名标准且很有价值，是“无可替代的和独特的”，但最终还是由于日本方面的各种反对而被搁置。不过，直到今日，《“慰安妇”的声音》申请入选世界记忆名录的工作也没有终止，支持该项目的国际联合申遗委员会还在继续艰苦努力。

3. 日军“慰安妇”问题研究仍然面临严峻挑战

在“慰安妇”问题上，一直存在激烈的斗争。在日本国内，右翼和保守政治势力将进攻的矛头指向了“慰安妇”问题研究的代表性学者吉见义明。2013 年 5 月 27 日，日本众议院议员樱内文城在发言时称：“说是因为历史书引用了吉见先生的书，然而许多证据表明这些全部是捏造的。”吉见义明教授勇敢面对政治挑衅，以诽谤罪向法院提起诉讼，但 2016 年 1 月东京地方法院作出判决，免除樱内文城的言论责任。吉见义明又向东京高等法院提出上诉，但东京高等法院于 2016 年 12 月 15 日对吉见义明起诉樱内文城损害其名誉案件作出驳回上诉的判决，理由竟是樱内文城所言“这些全部是捏造”表述中的“这些”指代含糊不清，并不一定指向吉见义明的著作。

日本新右翼从 20 世纪 60 年代登场，到 70 年代迎来发展时期，他们致力于重新解释东京审判、构筑新的历史认知，希望彻底摆脱第二次世界大战战败对日本造成的束缚。其代表人物有网络电视节目主持人及国家基本问题研究所理事长樱井良子、明星大学人文学院教授高桥史朗、丽泽大学客座教授西冈力、立命馆大学文学院教授北村稔等，在日本社会的影响力不可小觑。

其中，西冈力对以吉见义明、高木健一为代表的主张“慰安妇”强征观点的进步历史学家持否定态度，于2012年出版《十分清楚的慰安妇问题》[①]。西冈力还竭力反对中国、韩国学者将日军“慰安妇”定义为日军性奴隶，而坚持认为日军“慰安妇”是公娼制度的延续。新右翼顽固地坚持，“所谓慰安妇，是指作为日本国内公娼制度的延伸，在战地开设的慰安所中从事卖淫的女性。这在当时被认为是合法存在的。由于支那事变中强奸多发，为了防止这一现象，招募慰安妇设立慰安所”。北村稔更荒谬地认为，“中国慰安妇问题”是中国政府利用中国研究者实行的计谋。实际上，这些号称“专家”的新右翼学者并没有认真寻访和解读史料，没有做过实地调查，更拒绝采用受害方的口述证言，只有近似谩骂且肤浅的观点，完全否认大量指认“慰安妇”就是日军性奴隶的史料和证据，宣扬“慰安妇”是人口贩子的责任、与日本政府无关，其观点根本经不起反驳。而在韩国，朴裕河在《帝国的“慰安妇”》[②]一书中自甘堕落，竟称朝鲜“慰安妇”是与日本兵保持着“同志”关系的、“帝国”统治体系中具有“爱国志向”的对日“协力者”。

---

① 西岡力：『よくわかる慰安婦問題』、草思社、2012年。

② 该书韩文版于2018年由韩国出版社“뿌리와이파리”出版，中文版由刘夏如翻译，以《帝国的慰安妇——殖民统治与记忆政治》为名，2017年由台北玉山社出版。

近年来，“慰安妇”问题斗争的战场从亚洲扩展至美洲。哈佛大学的拉姆塞耶教授连续发表相关论著，认为：第二次世界大战期间，日本军方将日本国内妓院的民事许可制度扩展到了其海外基地附近的妓院，这样做的理由很简单，即为了实施严格的卫生标准，控制在早期战争中导致军队战力虚弱的性病；反过来，这些妓院（被称为“慰安所”）对韩国和日本有执照的妓院使用的标准契约进行了调整，并据此招募妓女。拉姆塞耶认为，“慰安妇”被日本步兵用刺刀强迫成为性奴隶的说法，起源于20世纪80年代一名日本共产主义作家捏造的骗局，随后经一个与朝鲜劳动党关系密切的韩国民间组织而得以广泛传播。他还称，“慰安妇”似乎受到与历史上大多数妓女相同的动机驱使，即缺钱，而认为“慰安妇”以其他方式成为妓女的观念并没有任何历史文件依据。日本保守势力非常欢迎这位在日本度过童年、2018年被日本政府授予“旭日中绶章”的外国学者及其观点，而日本进步学界则对其进行了严肃的批判。吉见义明认为，拉姆塞耶的论著暴露出诸多问题，很难作为学术作品予以承认，主要表现在其论文忽视了日军和日本政府建立并维持“慰安妇”这一性奴隶制度的重要事实，也没有提出任何能够证明自己主张（“慰安妇”=妓女）的证据，甚至编造故事；更重要的是，拉姆塞耶漠视了“慰安妇”是性奴隶制的牺牲品。

北美学界也从多方面、多角度对其进行了批评。由 Amy Stanley 等学者联合署名的文章指出拉姆塞耶论文有以下缺陷：第一，合同证据数据不全；第二，断章取义地引用，导致含义反转；第三，误用经济学模型去掩盖强迫、暴力和军直营等历史事实。[①] 由英国历史学家 Lucy Noakes 等编辑的专刊则从记忆角度批评拉姆塞耶，将其论文列为“公共记忆否认主义”典型个案，指责他为了达成特定记忆目的而扭曲证据。[②]

对此，2021 年 4 月 5 日，中日韩三方学术团体联合召开新闻发布会并发表题为《坚决要求拉姆塞耶撤回“种族主义、殖民主义”主张》的联合声明。其中，中国学者陈丽菲教授运用史料与田野调查的成果，从不公正的选材、错用公娼制度、偷换时间概念、以偏概全等多个方面对拉姆塞耶的观点进行了批驳。她指出，“慰安妇”制度是公娼制度在军国主义环境下服务于侵略战争的变异与转型，但拉姆塞耶不顾这个关键性转型，完全规避受害幸存者的声音，“着意编织从逻辑到逻辑、从文本到文本地推论出二战时期的

① Amy Stanley et al., “Scholarly and Public Responses to ‘Contracting for Sex in the Pacific War’: The Current State of the Problem, A Report by Concerned Scholars”, *The Asia-Pacific Journal*, Vol. 21, No. 2.

② Mary McCarthy, “Knowledge Production and Activism on the ‘Comfort Women’ in Northeast and Southeast Asia”, *Women's History Review*, 21 Apr. 2025.

'慰安妇'都是'卖淫女'这个极其下流无知的结论"。她还警告称，这是一个危险的信号，各国学界要做好充分的思想准备。以"慰安妇"问题为代表的侵略战争罪行的追索和历史正义的伸张，将是一个长期和艰苦的过程。

面对百年未有之大变局，我们要坚持国际合作，支持和联合日本进步力量，联合韩国、东南亚各国乃至其他国家的和平组织和学者，共同与否认历史的逆流进行坚决斗争。为此，在加强学术研究和国际交流的同时，还应大量推广优秀抗战题材作品的国际传播。2024年11月，中国拍摄的"慰安妇"题材纪录电影《三十二》《二十二》在日本放映，效果良好。同年《日军"慰安妇"研究》日文版[①]在东京出版，旨在告诉日本读者历史的真相。事实上，近年来中国学者一直着力将学术成果向海外译介推广，以便让更多的海外读者了解历史真相，目前已在国外出版十余种外文版"慰安妇"著作，产生了不小的正面效果，不少日本国民对自己政府否认历史、歪曲历史、美化历史的立场表示愤慨，甚至感到羞耻。同时，更多的相关研究需要全面走向国际舞台，推介成果，针砭时弊，捍卫正确的二战史观，这是中国学界的重要使命。

① 蘇智良：『日本軍慰安婦問題の研究』、株式会社アーツアンドクラフツ、2024年。

（二）细菌战问题[①]

关于日本细菌战问题的调查与研究，发轫于20世纪50年代，历经缓慢起步、持续积累和渐进发展，近80年间中外学界公开发表了大量有价值的研究成果，揭示了日本细菌战的准备、实施、危害、影响及其责任，同时也长期面临诸多亟待解决的学术问题，诸如史料深度解析、长时段学术观察、跨学科深入研究不足等。未来，学界应注重新资料挖掘、强化学术分析，注重新视角观察、拓宽学术视野，注重新观点阐发、加强学术阐释，不断提升细菌战问题研究的高度、广度和深度。

1. 既有研究的回顾

关于日本细菌战的研究，在20世纪50—70年代，主要是日本学界对这一问题展开调查，研究聚焦第七三一部队问题，兼及对其他细菌战部队的关注，如对一〇〇部队、一八五五部队、一六四四部队、八六〇四部队、九四二〇部队参与细菌战的历史查证。伯力审判之后，苏联于1950年发行了多语种的《前日本

① 本节作者为上海交通大学战争审判与世界和平研究院杨彦君研究员。

陆军军人因准备和使用细菌武器被控案审判材料》（简称“审判材料”），中国及其他国家学界由此开始关注细菌战问题。这一时期发表的相关文史成果产生的学术影响和社会影响都比较小，具有以下特点。一是研究者多为历史亲历者、媒体记者、作家及文史爱好者，与第七三一部队保持密切关系的医学者尚未介入其间。二是研究者主要参考上述“审判材料”，辅以见证人口述史料，且成果多以普及读物、文史作品和回忆录等形式出现，尚未展开对原始档案的大规模挖掘，这也成为细菌战问题研究受限的主要原因。三是研究者涉猎第七三一部队、细菌战、人体实验、医学犯罪和战争责任等关键问题，起到“开风气之先”的引领作用，为后续调查和研究做了较为充分的前期准备。

20 世纪 80—90 年代，森村诚一的《恶魔的饱食》[①] 三部曲风靡日本和中国，在社会层面和学术层面均产生了深远影响。此后，细菌战历史事件快速进入公众视野，日本、中国和欧美学者陆续推出了代表性成果，如常石敬一的《消失的细菌战部队——关东军第 731 部队》[②]，韩晓、辛培林的《日军 731 部队罪恶史》，彼得·威廉姆斯和大卫·华莱士的《七三一

① 森村誠一：『悪魔の飽食』、晩聲社、1982 年。

② 常石敬一：『消えた細菌戦部隊—関東軍第 731 部隊—』、海鳴社、1989 年。

部队：第二次世界大战中的日本生物战》[1]，以及哈里斯·谢尔顿的《死亡工厂：1932—1945 年日本生物战与美国的掩盖》[2] 等。这一时期的研究具有以下特征。一是对日本公藏私藏档案的挖掘奠定了这一阶段细菌战史研究的基础，并由此取得一系列新的突破，宏观上界定了细菌战是日本有组织、有计划的国家行为，微观上揭示了细菌战准备、测试和实施的隐秘过程。二是呈现出学者个人单打独斗与民间友好团体并行发力的鲜明特点，“恶魔的饱食”演唱团、ABC 企划委员会等民间团体相继成立并持续开展社会活动，推动了日本社会对第七三一部队罪恶历史的重新认知。三是细菌战问题研究的“国别性”和“地域性”特征明显，尤其是中日学界之间的学术交流不平衡，学界更多侧重局部问题的研究，全局意识和长时段研究尚不充分，亟待打破研究的界限和地域的藩篱。

进入 21 世纪，随着美国和俄罗斯馆藏细菌战史料的解密，以及对“留守名簿”系列资料的挖掘，中外学界从历史学、医学、考古学等多个视角展开研究，陆续出版了《陆军军医学校防疫研究报告》（第 2 部）、《侵华日军第七三一部队罪行实录》和《关东军

① Peter Williams and David Wallace, *Unit 731: Japan's Secret Biological Warfare in World War Ⅱ*, New York: The Free Press, 1989.

② Harris Sheldon, *Factories of Death: Japanese Biological Warfare, 1932-45, and the American Cover-up*, New York: Routledge, 1994.

防疫给水部留守名簿》等史料汇编成果，以及《731部队全史》《战争与医学》和《七三一部队与大学》等专题研究成果。这一时期研究的主要特征表现为：一是日本医学界对细菌战问题开展持续深入的“医学查证”，中国考古学界对第七三一部队遗址展开考古发掘，呈现出多学科理论与方法的融合、跨学科交叉研究的良好趋势。二是研究视野逐渐跳出“罪证史”范畴，对细菌战给自然生态环境带来的影响，以及人体实验触发的人权、伦理和医学的危机等问题开展研究，并对细菌战遗址的保护、考古、挖掘、利用、申遗和价值评估展开应用研究。三是以纪念抗战胜利60周年和70周年为契机，中国学界开始注重细菌战历史事件的传播，在论著出版方面注重多种语言的运用，取得了较大的学术突破和创新。

整体而言，中外学界近80年来持续对细菌战问题展开调查，研究方向日益多元，研究内容渐趋广泛，研究方法逐步创新，研究成果持续涌现，揭示了日本细菌战的准备、实施、危害、影响及其责任，推动了中国、日本和欧美社会对此问题的历史认知，促进了细菌战遗址的保护、利用与和平教育工作。

2. 当前研究的不足

关于细菌战问题的调查和研究，虽然中外学界取得了相当多的研究成果，产生了一定的学术影响和社会影响，但受限于海内外档案解密的周期和开放范围，而且学界调查追踪的持续性不够，贯穿性深度考察的效果不佳，致使当前仍面临史料深度解析、长时段学术观察和跨学科深入研究不足的问题。

一是史料深度解析不足。中外学界对细菌战既有史料的调查、梳理和考证用力不够，既有成果仍缺乏对“细菌战事件”的深入分析，公开发表的论著存在良莠并存、精芜相杂的现象，多偏于宏观视角下的泛化叙事和定性研究，还经常出现不够严谨的定量研究结论。而微观视角下的个案研究，又少有从全局着眼关注细菌战问题的复杂性，一定程度上呈现出“只见树木，不见森林”的碎片化特征。比如日本学界在文本梳理和历史叙事上，往往忽视细菌战犯罪与日本侵华战争的密切关联，对细菌战犯罪证据的分析和总结不足，并时常带有无视中国学界研究的偏见，导致其在事实判断和价值判断上都有明显偏颇；特别是对细菌战犯罪证据链条的梳理，缺乏应有的逻辑性和严密性，对美国档案的解读亦有相当不足，对档案之间的交叉性和关联性也探讨不够，更疏于参考战争遗址和罪证遗物的补证价值。

二是长时段学术观察不足。中外学界目前仍缺乏对细菌战准备、实施、影响问题的贯通式研究，对战前、战中、战后三个阶段的不同特征考察存在相当的不足，由此导致历史事件的特殊性和孤立性增强、对其间的关联性和复杂性关照偏弱。

一方面，对细菌战体系演进路径的长时段观察不足。日本细菌战的发端与陆军军医学校的设立、1925年《日内瓦议定书》的签署，特别是与“九一八事变”期间的医学动员有着“一脉相承”的连带关系；自此直至1932年陆军军医学校防疫研究室的设立，1933年第七三一部队的秘密组建及背荫河细菌实验基地的运行，1938年平房特别军事区域的营建，以及紧随其后“军学官产”的合流、细菌战体系的逐步形成，都应成为学界长时段考察的着眼点。另一方面，对细菌战罪证链条的贯通式考察有待提升，学界应秉持一以贯之的态度对其进行系统梳理分析。无论战时国民政府军政部、卫生署以及浙江、湖南等地相关防疫机构的往来公文、新闻报道、调查报告，还是1949年苏联伯力审判、1956年中国沈阳审判揭示的细菌战证据，以及20世纪90年代中日民间发起的对日诉讼活动、细菌战受害状况调查，还有《井本日记》《大家备忘录》和《金子顺一论文集》等，都应作为细菌战证据链条的重要组成部分。

三是跨学科深入研究不足。细菌战问题研究涉及历史学、生物学、医学、伦理学、法学、考古学、军事学等多个学科，研究者需要参考大量日文、英文、俄文和中文史料，单一学科视野下的研究不免失之偏颇，不同学科背景的研究者也体现出较大差异性，跨学科深入研究尚有诸多不足。

3. 未来研究的展望

一是注重新资料的挖掘，强化学术分析。细菌战问题的调查研究，首要问题是解决历史事件的真实性、准确性、完整性，不同语言书写的文献资料是研究的支撑点。因此，既要强化对现有资料的学术分析，也要注重进一步发掘新史料，特别是日本国立公文书馆、美国国家档案馆、俄罗斯联邦国家档案馆保存的细菌战资料，当然也不可忽视对日诉讼调查、法庭判决文书、战友会活动等中外民间私藏的细菌战相关资料。尤为重要的是，学界应不断加强对细菌战报告的“科学分析”。如第七三一部队军医金子顺一少佐的细菌战报告《PX 效果略算法》一文中，作者在参考文献中列出了“‘保’号作战效果情报（1943 年 11 月）”和“1940—1942 年‘保’号作战战斗详报”，隐隐浮现出“七三一部队细菌战数据测试统计操作规程”，据此也可认定“‘保’号作战”的记载是有据可考的。

毫无疑问，深入解析这些报告是细菌战史研究的关键所在。

二是注重新视角的观察，拓宽学术视野。跨学科研究成为细菌战问题研究的新趋势，应注重历史学、考古学、医学、伦理学等视角下的横向比较研究和纵向深入研究，将不同学科的理论和方法融入细菌战罪行研究之中，从而拓宽学术视野、丰富研究手段、促进研究走向纵深。具体而言，应注重研究细菌战部队的基本形态、细菌实战、医学犯罪和战后贻害等基础问题，兼及文化遗产视野下遗址保护、宣传利用、申遗等方面的应用研究。比如，在医学和伦理学视野下，审视细菌战部队的医学犯罪，将纳粹医学犯罪作为"他者"，严密论证细菌战部队的细菌感染、活体解剖、炸弹测试等战时行为实质上是不折不扣的医学犯罪、战争犯罪和反人道犯罪；在考古学视角下，开展第七三一部队遗址、广岛原子弹爆炸遗址、奥斯威辛集中营遗址等的横向比较研究，进而使用考古学理论与方法挖掘第七三一部队遗址的真实性、完整性及其普遍价值。

三是注重新观点的阐发，加强学术阐释。近年来，学界出现了否定细菌战的不当言论，互联网上的"驳斥之声"和"情绪渲染"更为强烈、良莠杂糅。正是上述"争执"不断触发学界和社会的关注，无论是为了纠正和补充前人研究中出现的舛误、疏漏、不足，还是应对当下社会关切以达到廓清事实、正本清源的学术目标，确有必要对细菌战问题展开深入的再讨论。学界理应以实证研究的方法考察细菌战准备、实施、危害及追责的全过程，采用归纳、比较、分析、综合的研究范式，注重史料辨伪、去粗取精、文献互证和过程论证，广征文献、小心求证并慎下结论，注重基础研究和应用研究的融合，分阶段、分领域、分专题深化研究，通过具体事例剖析具体问题，例之所在即论之所及，不断提升学术阐释的实证性、准确性和严谨性。

（三）侵华日军化学战及遗留问题①

抗日战争中，侵华日军违背国际公约在中国战场进行化学战，战败时又将大量化学武器遗弃在中国，导致战后中国人民遭受重大伤亡和财产损失，是又一个重要的战后遗留问题。回顾侵华日军化学战历史，揭露日军遗弃化学武器造成伤害的真相，对于中国乃至世界人民认识战争的罪恶、敦促日本政府尽早妥善处理战争遗留问题都具有重要意义。

① 本节作者是黑龙江省社会科学院高晓燕研究员。

1. **揭露日军化学战罪行**

侵华日军化学战罪行，在战后东京审判中逃脱了被追责。这一段历史被日本掩盖了几十年，直到20世纪80—90年代随着资料的挖掘和历史研究的进展才逐渐得以被揭露。

1983年，庆应大学教授松村高夫带领研究生在日本旧书店中找到了两份关于日军使用活人进行细菌实验和化学实验的报告。1993年6月，为了调查“从军慰安妇”问题，吉见义明、伊香俊哉等日本学者到日本防卫厅防卫研究所的图书馆查询资料，找到了原日本陆军部分重要军官的业务日记，其中就包括军医金原节三大佐的《陆军省业务日志摘录》。随即，粟屋宪太郎与吉见义明编辑出版了《毒气战资料Ⅰ》[①]，吉见义明与松野诚也编辑出版了《毒气战资料Ⅱ》[②]。在中国，1989年，中央档案馆与中国第二历史档案馆、吉林省社会科学院联合出版档案资料《细菌战与毒气战》[③]。之后相关研究著作陆续出版，

---

① 粟屋憲太郎・吉見義明編：『日本軍の化学戦Ⅰ』、不二出版、1989年。

② 吉見義明・松野誠也編：『日本軍の化学戦Ⅱ』、不二出版、1997年。

③ 中央档案馆、中国第二历史档案馆、吉林省社会科学院合编：《细菌战与毒气战》，中华书局1989年版。

诸如徐勇、臧运祜主编的《日本侵华决策史料丛编》之军事战略篇，其中专题五是步平编的《化学武器作战》（第一、第二册）[①]。这些档案资料都是侵华日军化学战研究的基础。

黑龙江省社会科学院最早开始对侵华日军化学战进行实地调查，走访了山西、河北等地区，掌握了大量日军使用化学武器实施化学战的第一手资料，并整理形成了《侵华日军山西毒气战调查资料》。同时，该院还对战后日军遗弃化学武器伤害进行了调查，结合日本资料推出了一批研究成果，如《化学战》[②]《阳光下的罪恶——侵华日军毒气战实录》[③] 等，2004 年出版的《日本侵华战争时期的化学战》[④] 获得了中日研究基金资助。其他代表性研究成果还有防化指挥工程学院纪学仁所著《化学战史》[⑤] 及《侵华日军毒气战事例集——日军用毒 1800 例》[⑥] 等。此时期，日本也出现了一系列相关研究成果，如辰巳知司的《被掩

① 步平编：《化学武器作战》，社会科学文献出版社 2017 年版。

② 步平等：《化学战》，黑龙江人民出版社 1997 年版。

③ 步平、高晓燕：《阳光下的罪恶——侵华日军毒气战实录》，黑龙江人民出版社 1999 年版。

④ 步平、高晓燕、笪志刚编著：《日本侵华战争时期的化学战》，社会科学文献出版社 2004 年版。

⑤ 纪学仁：《化学战史》，军事译文出版社 1991 年版。

⑥ 纪学仁：《侵华日军毒气战事例集——日军用毒 1800 例》，社会科学文献出版社 2008 年版。

盖的广岛》[1]、服部忠的《秘录——记大久野岛》[2]、武田英子的《从地图上消失的岛》[3]。

随着资料挖掘的不断推进，侵华日军化学战研究亦进一步深入。日本学者松野诚也发现了1939年日军毒气部队“迫击第五大队”在山西一带使用毒气弹的实战记录报告，这是首次发现日军毒气部队自己记录的使用糜烂性毒气等相关信息的文件。“有关日军毒气部队迫击第五大队在中国进行毒气战的史实在80年后的今天终于弄清楚了。”2019年，松野诚也编纂的《迫击第五大队毒气战相关资料》在东京出版，其中包括由侵华日军毒气部队记录的在中国多地使用毒气弹作战的报告，以及下达使用糜烂性毒气命令的军事公文、毒气战作战经过绘图等。[4] 2022年，《关东军化学部留守名簿》被披露，其中包含侵华日军化学战部队414名成员的真实姓名和个人信息。[5] 这是中国首次公开关东军化学部成员信息。前述档案史料具有重大的研究价值，对推动侵华日军化学战史研究走向纵深

---

① 辰巳知司：『隠されたヒロシマ』、岩波書店、2005年。

② 服部忠：『秘録 大久野島』、新人物往来社、1993年。

③ 武田英子：『地図から消された島』、草の根出版会、1999年。

④ 松野誠也：『迫撃第五大隊毒ガス戦関係資料』、不二出版、2019年。

⑤ 「中国侵略日本軍第516部隊の隊員名簿を初公開」、人民網日本語版、2022年8月16日、http：//j.people.com.cn/n3/2022/0816/c94474-10135799.html。

与细化、深入揭露日本侵华罪行有着重要意义。2024年年末，日本学者深入实地的毒气战调查报告《毒气战——日军在华暴行调查》中译本[①]发行，该报告内容严谨缜密，有独创性的历史调查，并结合学术考证，具有重要的学术价值。

综上，经过中日两国研究者的不懈努力，既有研究充分揭示出侵华日军违反国际法把化学战作为有效战争手段，每遇作战不利时便使用毒气屠杀中国军民的历史真相。在揭露日军化学战罪行的同时，相关研究也涉及对化学战责任的追究。比如日本学者若槻泰雄就指出，日本应正视历史的责任，战争根源于天皇与天皇制。“天皇是国家权力的最高代表，是战争机器的操纵者之一。天皇对日本军国主义的侵略战争有不可推卸的责任。”其他研究成果有《从国际禁止化学武器公约谈日本的化学战责任》等，[②] 一些学者还利用大量民国时期档案论述了国民党当局对侵华日军毒气战进行的追责，指出同盟国未能在战后第一时间对毒气战罪行和涉案战犯充分追责，导致相关历史记忆被冲淡，并对国际社会禁绝毒气进程形成了阻碍。不仅如此，围绕侵华日军化学战的研究领域不断扩大，

① ［日］粟屋宪太郎主编：《毒气战——日军在华暴行调查》，张泓明译，山西人民出版社 2024 年版。

② 高晓燕：《从国际禁止化学武器公约谈日本的化学战责任》，《学习与探索》2012 年第 6 期。

其研究范式也从单一的军事史考证发展为涵盖军事战略学、医学毒理学、环境史学、社会学等多学科交叉的综合性研究。诸如，高桥哲哉等编《战争与灾害：毒气、核爆、水俣》，将化学战与核爆、公害事件对比，探讨战争受害的伤害记忆与责任；松村高夫著《战争与环境：日军遗弃毒气问题》，结合环境史和战后处理政策，研究日军遗弃化学武器对中国环境的长期影响；等等。

2. 关注日军遗弃化学武器及其伤害

从档案资料可以看到，侵华日军遗弃化学武器的形式包括：一是有组织地进行秘密掩埋或投入江河之中；二是无计划地随意丢弃，如丢入水井里、遗留在军事工事或仓库里。第二次世界大战结束后，中国又经历了数年战乱，日军遗弃的化学武器散落各地，山坳、河边、田间地头均有发现，造成许多无辜百姓伤亡。截至目前，中国有 19 个省、市、自治区发现了日军遗弃的化学武器，其中东北三省是日军遗弃化学武器的主要地区。“九一八事变”后，日本占领中国东北，这里成为日本扩大侵略战争的军事基地，关东军可以肆意利用中国人进行人体实验。加之日本准备对苏作战，需要研制寒地化学武器，因此在黑龙江省齐齐哈尔建立了关东军化学部，即“满洲第五一六部队”。由此，日本开始了在中国实验、制造、使用并最终肆意遗弃化学武器的一系列犯罪。

第二次世界大战结束后，中国东北地区不断发生日军遗弃化学武器伤害事件。1945 年秋，富拉尔基一带老百姓到原日军仓库“捡洋落”（其实是芥子气容器），却意外遭受伤害；1950 年 8 月，黑龙江省原第一师范学校在修建校舍施工中挖出两个毒剂罐，造成人员伤亡；等等。东北行政委员会对已发现的遗弃化学武器进行了初步处理，集中掩埋于吉林省敦化地区的哈尔巴岭。日军遗弃化学武器问题也开始受到关注。截至目前，虽然战争已结束 80 年，但日军遗弃化学武器仍严重威胁和危害着中国相关地区人民生命财产和生态环境的安全。多年田野调查发现，战后日军遗弃化学武器伤害事件一直时有发生，齐齐哈尔是重灾区。

针对战后日军遗弃化学武器伤害，相关研究者在进行深入调查后，相继出版了《日军化学战及遗弃化学武器伤害问题实证调查与研究》[①]《伤害仍在继续——侵华日军遗弃化学武器问题研究》[②] 等著作，其中均指出：战争的危害依然存在，日军遗弃化学武

① 步平、高晓燕编著：《日军化学战及遗弃化学武器伤害问题实证调查与研究》，中央党史出版社 2017 年版。

② 高晓燕：《伤害仍在继续——侵华日军遗弃化学武器问题研究》，南京出版社 2018 年版。

器造成大量中国百姓无辜受害，日本政府理应承担责任。

3. 支持日军遗弃化学武器受害者民间对日索赔

从1996年开始，先后有三批日军遗弃化学武器的中国受害者向日本政府提起诉讼。1996年12月9日，13名原告向日本政府提起第一批诉讼，1997年10月16日，第二批5名原告向日本政府提起诉讼。在这两批诉讼中，原告提出了四项诉讼请求：第一，造成原告及其家属陷入这种痛苦境地的日本国对原告作出有诚意的谢罪；第二，日本国对原告履行损害赔偿的责任；第三，日本国对原告的医疗护理进行支援；第四，日本国把制造和使用毒气战的历史事实记入史册，保证再也不制造毒气（炮弹）危害世人。这些诉讼的核心挑战在于突破国家豁免原则与时效规则，中日学者、律师积极支持并帮助中国受害者，其中步平先生多次作为侵华日军化学战研究者到日本法庭做证，日本民间和平团体也成立后援团并通过各种活动支持中国受害者。遗憾的是，经过多年的法庭调查、辩论，诉讼案件最终均以中国受害者败诉告终。2003年8月4日，黑龙江省齐齐哈尔市又发生日军遗留芥子气化学桶泄漏事件，受害人数达44人，其中1人死亡。对此，日本最先提出1亿日元赔偿，中国政府当即回绝。究其原因，是中方认为日本此举不是真心作为战争遗留化学武器伤害的赔偿。后经中日双方反复磋商，确定日本提供赔偿 3 亿日元，作为受害者治疗费用。

第三批提起诉讼的日军遗弃化学武器受害者主要是 21 世纪发现的遗弃毒气事件受害者，如 2010 年吉林省敦化市毒气弹泄漏事件、2014 年河北省石家庄市毒剂污染事件等。第三批民间诉讼继承了前两批诉讼的法律框架，但更注重利用新证据（如环境检测报告、医学追踪数据）和国际法新动向（如《禁止化学武器公约》的执行），试图突破既往法律障碍。其核心诉求是要求日本国对遗弃化学武器造成的人身伤害（如皮肤溃烂、呼吸道疾病、癌症等）和环境损失（土壤污染、水源毒化）等进行经济赔偿，具体金额根据受害者医疗费用、劳动能力丧失程度计算；同时要求日本政府正式道歉，并在教科书中明确记载日军化学战罪行，呼吁日本公开遗弃化学武器分布档案，彻底清理遗留在中国的毒剂。第三批诉讼主要在东京地方法院和大阪地方法院提起，部分案件甚至上诉至日本高等法院，最终结果是日本法院承认事实但驳回诉求。即便如此，这一诉讼过程体现了中国民间对历史正义的持续追求，也揭示了跨国战争遗留问题在法律、政治层面的复杂挑战。

日本当局在这几场跨国诉讼中始终立场暧昧，推卸责任，拒绝赔偿谢罪，导致中国受害者遭遇不公正的判决。尽管如此，中国受害者民间诉讼仍具有重大意义。战后赔偿诉讼本身对日本政府和社会的战争历史观教育产生了积极影响。战后赔偿诉讼通过持续揭露日军化学战罪行，客观上促进了日本社会加深对侵略战争责任的认知，也通过凝聚国际舆论迫使日本社会部分正视历史责任，对其推动战后赔偿立法、解决战后遗弃问题起到相当大的作用。概言之，战后赔偿诉讼发挥了维护史实真相、唤起历史记忆，达到以史为鉴、维护和平的作用，具有重要的历史意义和现实价值。关于中国民间对日索赔诉讼，日本学者吉田邦彦较为客观地指出，其具有强烈的政策诉讼及价值观纷争的色彩，并不是单纯的金钱损害赔偿的问题，较之“金钱赔偿”，“真诚的谢罪”更为重要。持类似观点的还有马奈木严太郎、渡边知行等。日前某日本节目播出了一段对大久野岛毒气工厂员工藤本安马的采访，他曾在战时从事化学毒剂研究工作。藤本在采访中反省了自己的罪行，反复称“我是罪人”，这可谓是日本化学战罪行的铁证。

值得关注的是，目前，中外学术界尚未对日本遗弃化学武器中国受害者对日诉讼展开记忆构建与传播研究。中国人都知道侵华日军中有第七三一细菌部队，却很少有人知道还有一个第五一六毒气部队。可见，加强对侵华日军化学战问题的普及宣传，对推动爱国主义教育和国防教育有着重要意义。

4. 助力销毁日军遗弃化学武器

1992 年 2 月 18 日的国际裁军谈判会议上，中国政府发布了一份文件《关于已发现的外国在中国遗留的化学武器的一些问题》，这是第二次世界大战后中国第一次在国际会议上正式提出日军遗弃化学武器问题。1997 年 4 月 29 日，新的《禁止化学武器公约》生效，日本作为遗留缔约国应在条约生效十年内完成遗弃化学武器销毁，而中国作为领土缔约国要为销毁工作提供适当合作。据此，1999 年 7 月 30 日，中日两国签署了《关于销毁中国境内日本遗弃化学武器的备忘录》。

根据《禁止化学武器公约》和中日两国政府相关备忘录的规定，日方负责销毁日军遗弃化学武器，并为此提供所需资金、技术、专家、设施及其他资源，中方则提供协助。日军遗弃化学武器种类包括糜烂剂（芥子气、路易氏气）、窒息剂（光气）、血液剂（氰化氢）、喷嚏剂（呕吐剂，二苯氰砷、二苯砷化氯）、催泪剂（苯氯乙酮、溴化苄）、发烟剂（三氯化砷）

等。为尽快销毁日军遗弃化学武器，中方作出了巨大努力，协助日方在中国各地进行确认调查、挖掘回收及鉴别包装、安全回收保管等作业。截至 2025 年 7 月，日方已挖掘回收日遗化武 16 万余枚，销毁约 13 万枚，但处理进程总体严重滞后。

日本方面直到 2011 年才开始销毁第一枚毒气弹。为尽早开始销毁工作，2010 年 9 月和 2012 年 12 月，中方协助日方分别在江苏省南京市和河北省石家庄市启动了移动式销毁作业，此后又在湖北武汉等地开始销毁作业。2019 年 5 月 7 日，在黑龙江省哈尔滨市郊外开始进行移动式销毁作业，标志着日军遗弃化学武器销毁工作取得重要进展。同年 12 月，吉林省敦化市哈尔巴岭固定式销毁试作业开始。然而，日军遗弃化学武器销毁进程已严重滞后于公约规定期限，销毁工作也已经多次逾期。中国方面强烈敦促日方全面、完整、准确落实销毁计划，切实践行对国际社会和中方的政治、法律承诺，加大投入、加快进程，尽早消除日军遗弃化学武器危害。

综上所述，第二次世界大战后，国际社会围绕日军化学战没有进行认真追究，使得日本遗弃在华化学武器问题成为严重的历史遗留问题，也成为影响中日关系的一个重要现实问题。随着新的《禁止化学武器公约》的签订和生效，日本军队在战争期间违背国际公约的战争责任问题更加凸显。侵华日军进行的化学战，不仅在战争期间造成了严重伤害，而且把遗弃化学武器的伤害延续到了战后。处理日军遗弃化学武器既是解决中日间重大历史遗留问题的关键环节，也是履行《禁止化学武器公约》的一项重要工作。但日本方面行动迟缓，未在规定时间内全部销毁遗弃在华化学武器，还多次申请延期。与此同时，日本一些舆论更无视历史事实，否认日本实施化学战的战争责任，否认遗弃化学武器，在遗弃化学武器伤害诉讼问题上也推卸责任、拒不赔偿。这些问题产生的根本原因是日本政府没有真正反省发动侵略战争的责任，未能正确处理历史遗留问题。总之，侵华日军化学战是一个严重的战争遗留问题，直接影响中日关系走向，需要日本方面以负责任的态度认真面对、积极处理。

（四）日本侵华时期劳工问题[①]

研究日本侵华战争，除了军事、经济、文化、伤害平民、对妇女的性暴力、对城市建筑与居民房屋的破坏等方面外，还有一个涉及上千万中国人命运的问题——劳工问题。

---

① 本节作者为武汉大学薛毅教授。

20世纪90年代以后，有关抗战时期劳工问题研究的成果日益增多，[①] 这些成果从不同方面对日本侵华时期的劳工问题进行了资料汇编或研究，为进一步研究奠定了较好的基础。

1. 研究的重点问题

“劳工”本义是指从事体力劳动的工人。日本在侵华时期为了掠夺中国的资源、“以战养战”，大量掳掠中国劳工服苦役，此时的劳工便有了特殊的含义，成为“被日本奴役的中国劳动者”的代名词。

① 相关著作和资料选编主要有：何天义主编：《日军枪刺下的中国劳工》（4卷，新华出版社1995年版）；苏崇民、李作权、姜璧洁主编：《劳工的血与泪》（中国大百科全书出版社1995年版）；陈景彦：《二战期间在日中国劳工问题研究》（吉林人民出版社1999年版）；张凤鸣、王敬荣主编：《残害劳工》（黑龙江人民出版社2000年版）；刘宝辰、林凤升：《日本掳役中国战俘劳工调查研究》（河北大学出版社2002年版）；居之芬、庄建平主编：《日本掠夺华北强制劳工档案史料集》（社会科学文献出版社2003年版）；何天义主编：《二战掳日中国劳工口述史》（齐鲁书社2005年版）；居之芬：《日本对华北劳工统制掠夺史（1933.9—1945.8）》（中共党史出版社2007年版）；李秉刚、高嵩峰、权芳敏：《日本在东北奴役劳工调查研究》（社会科学文献出版社2009年版）；解学诗、李秉刚：《中国“特殊工人”——日军奴役战俘劳工实态》（社会科学文献出版社2015年版）；粟明鲜：《南太平洋祭：新不列颠岛中国抗日战俘始末》（中国文史出版社2011年版）；沈强主编：《中国人民抗日战争纪念馆藏日本强掳中国赴日劳工档案汇编》（国家图书馆出版社2014年版）；居之芬编著：《日军侵华期间中国劳工伤亡调查（1933.9—1945.8）》（中共党史出版社2016年版）；薛毅：《日本侵华时期中国煤矿工人伤亡研究（1895—1945）》（中州古籍出版社2025年版），等等。

日本方面给劳工的定义是："所谓劳工，全部是必须从事他人决定的劳动，出卖自己的劳动力，以此作代价获取工薪，用以维持其生计者。"在日本方面的文献中，较早对中国劳工的称谓为"苦力"，例如20世纪10年代中期负责招募煤矿工人的机构名为"采煤苦力系"。1919年日本方面将"苦力"改称"华工"。1932年伪满洲国成立后，日本方面忌讳"华"字而将"华工"统称为"劳工"。为了管控劳工，日本方面先后出台了《确立劳工供出体制纲要》《劳动统制法》《劳动者紧急就劳规则》《特种工人使役及管理规程》《国民勤劳奉公制度》等政策，通过讹诈强占、军管理、先行合办继而吞并等方式，采用欺骗、摊派、强征、抓捕等手段，招募和掳掠了数以千万计的劳工为其所用。近年来，关于日本侵华时期劳工问题的研究重点有以下问题。

（1）日本在华实施强征劳工的开始时间

早在1904年，日本治下的"台湾总督府"就曾以"第68号令"的名义出台了《关于中国劳工管理规则》，但这一时期招募劳工主要由相关的工矿企业出面。1932年伪满洲国成立后，为了在该地区建立殖民经济的劳务体系，日本于1933年10月建立了以关东军特务部为首的劳动统制委员会。该委员会由日本驻伪满的军、政、警界代表及工矿企业代表组成，委员长由关东军特务部部长担任，其主要职责是有计划地在华北等地招募劳工。这应是日本官方在华实施强征劳工最早的机构。

（2）日本侵华时期强征的中国劳工数量

围绕这个问题，伪满“总务厅警察总局”和华北劳工协会等机构以及当代中日两国的学者均有统计。中国社会科学院近代史研究所居之芬研究员认为，从1935年到1945年的10年间，日本共在中国的东北、“蒙疆”、华北、华中、华南以及日本本土强掳奴役中国劳工1561万余人，其中被奴役、折磨、摧残致死者约235.55万人，伤残者约235万人，两者相加达470万余人。除此之外，日本方面于1943—1945年在中国抓捕4万多名劳工到日本国内，在135个项目中服苦役。第二次世界大战期间，日本还从中国抓捕劳工到巴布亚新几内亚、库页岛、菲律宾、朝鲜等国家和地区服苦役。由此可见，日本侵华时期强征中国劳工的总数应在1500万人以上。

（3）劳工的职业与分布

日本侵华时期招募和强掳的劳工，主要在重体力且有危险的行业服苦役。使用劳工最多的行业是矿业，其中以煤矿为最，其他还有铁矿、菱镁矿、矾土矿、钨矿、水晶矿、盐矿、金矿等。此外，土建、水电工程、军事要塞、修筑工事、“紧急营造农田”工程、林业、运输业、河道与水坝整修工程等领域也大量使用劳工。需要说明的是，不少劳工服苦役的行业和地区不是一成不变的，一些劳工在完成一项工程后即被转移到另一个场所。总体而言，劳工的分布主要在中国东北、“蒙疆”、华北、华南、华中地区和日本国内。

（4）日本在华劳工政策的演进

从1895年利用《马关条约》侵占台湾到1931年发动“九一八事变”期间，日本在中国侵占区控制了一些工矿企业，其招募劳工的主要根据是这些工矿企业的需要。这一时期，日本在华招募劳工主要奉行的是“现地自筹”政策。

1932年伪满洲国建立后，日本于1933年拟定了《满洲经济建设纲要》，随后又出台了《产业开发计划》《军事经济发展计划》《北边振兴计划》等。为了保障对劳工的需求，日本方面决定实行劳动统制政策，有计划地招募劳工。1935年，日本关东厅与伪满“民政部”等机构相继出台《外国劳工入境管理规则》《外国劳工统制规则（草案）》以及《入满劳工统制方针案》等。需要说明的是，这里所说的“外国”主要针对的是中国除东北之外的其他地方。这一阶段，日伪方面对来自伪满统治地区之外的劳工既引入使用，又严格管控，以防止这些劳工对伪满地区的社会治安造成威胁。

1937年"七七事变"发生后，日本在伪满的经济体制由此前的准战时体制转变为完全的战时体制，日本在华的劳工政策也由有限制地管制使用迅速改变为大规模役使。日本管辖的工矿企业为了满足对劳工的需求，纷纷设立专门的劳务管理机构，一般称为"劳务系（股、课）"，负责劳工的招募和管理。1938年2月和12月，日本先后在伪满颁布实施了"国家总动员法"和"劳动统制法"，规定可对"满洲"本地劳动力实施动员和强征。

1941年7月，日本通过伪满"国务院"颁布实施"劳务新体制确定纲要"。所谓"劳务新体制"，其核心是实行"国民皆劳"，开展"举国勤劳兴国运动"，加强对赋役及"勤劳奉仕"[①] 的统制。1942年11月，日本东条英机内阁又通过了《关于向国内移入华人劳务者事项》，以内阁决议的形式把强掳中国劳工到日本国内服苦役政策化。

（5）掳掠劳工的组织机构

为了掠夺中国的资源，日本方面采用欺骗、摊派、强征、抓捕等手段招募和掳掠了数以千万计的劳工，这些行为大多是通过相关的组织机构付诸实施的。日本在华招募与掳掠劳工的机构主要有：关东军劳动统制委员会及大东公司、兴中公司、"新民劳动

① 日本在伪满强征、奴役中国人民无偿从事军事工程、产业建设等劳役的制度。

协会”、“满洲劳工协会”、“劳务兴国会”、“华北劳工协会”、“蒙疆劳工协会”等。此外，还设有专门负责向日本输送中国劳工的机构，如日华劳务协会等。上述不同时期、不同地域的日伪当局有关招募、强征中国劳工的劳务机构纵横交错，形成了一个比较严密的网络，主导者有日本军队系统、行政系统、半官方机构等。

（6）募集强征劳工的主要方式

为了保障需求，日本在华募集劳工主要采用两种形式，即团体募集和单个募集。其中，团体募集主要有三种方式：其一，直接募集。以煤矿、铁矿为例，“满洲炭矿株式会社”、抚顺煤矿、本溪湖煤铁公司等较大的企业直接委派招募人员，或组织包工头回家乡，到华北等地招募劳工。其二，委托招募。采用这种方式的主要是有长期合作招工机构的工矿企业，他们通过委托带有中介性质的劳工协会和劳务公司招募劳工。其三，统制募集。即在“满洲劳工协会”“华北劳工协会”等专门机构的统制下，统一招募劳工。

需要说明的是，劳工中有一部分是战俘。日方认为，战俘大都受过军事训练，组织性强，习惯有规律的集体生活，适宜做劳工。以当时接收战俘最多的抚顺煤矿为例，据该矿总务局局长太田雅夫报称：“自1940年12月到1941年12月，分配到该矿的6322名

‘特殊工人’中，多数身体强壮、团结并有纪律性……其经历为军事学校毕业或受过教育的占 80%以上，其余为强制征集的杂牌士兵。从受教育方面来看，有学历的占 60%以上，一般的经历则是商人、木工、瓦工等占多数。就战俘来源来看，由徐州、太原、济南等方面来到本矿的主要是共产党系统；由山东方面来到本矿的则多为蒋介石中央军、于学忠系统抗日军，或被肃清出来的杂牌军。”

（7）日伪虐待劳工的种种酷刑

在日本侵占的工矿企业，日伪方面普遍建立了特务警卫系统、劳务监管系统和汉奸把头系统，三位一体地对中国劳工实施联合政治统制、监控和镇压。日本统治者在经济盘剥和榨取的同时，为了惩罚他们不满意的劳工，往往对其施以五花八门、种类繁多的酷刑。酷刑大致可分为肉刑、水刑、火刑、笞刑（鞭刑）、木刑、兽刑、金刑等。

（8）劳工的反抗斗争

哪里有压迫，哪里就有反抗。在日伪统治的工矿企业等处服苦役的中国劳工由于受到残酷的奴役与迫害，在忍无可忍的情况下，为了生存和维护做人的基本尊严，不惜抛头颅、洒热血，舍生取义，对日伪统治者进行了多种形式的反抗斗争。虽然劳工们的反抗行为大多被日伪当局残酷镇压，一些劳工甚至为此牺牲了生命，但他们的反抗斗争仍此起彼伏、绵延不断。

2. 历史遗留问题

日本战败80年来，日本历届政府从未主动调查战争期间强制奴役中国劳工的历史，从未追究当年对劳工施暴者的责任，竭力推卸虐待华工的罪责。日本国内还有对相关历史拒绝反省和认罪的言论，有关中国劳工的历史遗留问题至今没有全部解决。从20世纪90年代开始，先后有多批当年被掳掠到日本的劳工向其曾服苦役的工矿企业和各级法院提起诉讼，要求日方谢罪并赔偿，但日方仅对中国劳工受害者及遗属表示“深刻反省”和“深深道歉”，只有个别企业对受害者支付了部分赔偿金。

没有赔偿的道歉是虚假的道歉，没有道歉的赔偿是不道义的赔偿。应该指出，劳工问题是日本侵华历史的重要内容，是日本侵华战争罪行的典型体现。只有正视历史，才能对当年牺牲殉难的劳工负责，对子孙后代负责，对中华民族负责。

3. 存在问题与未来研究方向

近年来，尽管劳工问题的研究已经取得丰硕的成果，然而仍存在不平衡问题。首先是研究地域不平衡，已有的研究重点在东北、华北、“蒙疆”沦陷地区，华东、华中、华南地区研究较少；对掳掠到日本的劳工已有初步的研究成果，但对掳掠到朝鲜、巴布亚新几内亚等国家和地区的劳工的研究少之又少。其次是行业研究不平衡，目前的研究主要集中在煤矿和铁矿，对盐业、化工、土木建筑等行业的研究成果很少看到。

围绕日本侵华时期的劳工问题，对于实际数字的统计和相关问题的研究是学界今后的长期任务，需要学者进行扎实、科学的实证研究，需要认定日本侵华战争时期掳掠奴役中国劳工的范围。近年来，全国各级党史研究和地方志编纂等机构相继出版了大量抗日战争时期的文献、当事人回忆录和研究著作，国家图书馆整理出版了日本外务省在第二次世界大战结束时对在日劳工的调查报告100多卷，这些为深入研究日本侵华战争时期的劳工问题提供了重要基础。

三　对日审判与战后国际秩序的构建*

第二次世界大战结束已80年，其至今仍是人类社会发展长河中意义十分重大、影响十分深远的历史事件。第二次世界大战的整个过程昭示了一个真理：面对正义，邪恶岂能永远猖狂！意大利法西斯、德国纳粹和日本军国主义，其主张和行径皆违背了人类社会发展的历史方向，所以它们尽管猖狂一时，然而终究无法摆脱失败的命运。

（一）审判战犯的历史意义不容否定

1945年9月2日，日本代表在无条件投降书上签字。1946年1月19日，远东盟军最高统帅部公布《设置远东国际军事法庭的特别通告第一号》和《远

---

* 本章作者为中国社会科学院日本研究所蒋立峰研究员。

东国际军事法庭宪章》，该宪章中关于罪行认定的第五条与《欧洲国际军事法庭宪章》第六条基本一致，包括违反和平罪、普通战争罪（也译作“战争罪”）和违反人道罪，在违反和平罪中强调以侵略战争破坏和平的问题。该宪章第六条则与《欧洲国际军事法庭宪章》第七条、第八条内容一致。

远东国际军事法庭由《日本投降书》上的签字受降国美国、中国、英国、苏联、澳大利亚、加拿大、法国、荷兰、新西兰九国和菲律宾、印度各派一名法官组成，澳大利亚法官韦伯为首席法官，美国律师季南为首席检察官，被告方则有鹈泽聪明、清濑一郎为首的百余名日本辩护律师和助理辩护律师及 45 名美籍辩护律师。1946 年 4 月 29 日，国际检察局（International Prosecution Section）对东条英机等 28 名甲级战犯提起诉讼，认定全体被告自 1928 年 1 月 1 日至 1945 年 9 月 2 日，对中国、美国、英国、澳大利亚、新西兰、加拿大、印度、缅甸、马来西亚、法国、荷兰、泰国、菲律宾、苏联等计划、准备或进行侵略战争。1946 年 5 月 3 日，东京国际军事法庭开庭，1948 年 4 月 16 日结审。

在法庭上，针对国际检察局的起诉，所有被告均自称无罪，其理由是：日本没有对中国进行侵略战争而只是发动了“支那事变”，日本进行的其他战争也不是侵略战争，而是“自存自卫”“解放亚洲”的战争。但被告已无往日大肆宣扬“大东亚圣战”的嚣张气焰，不再妄称“圣战”，以免给日本天皇裕仁增添罪责。辩护方律师则质疑法庭的合法性，认为法庭审判的依据《远东国际军事法庭宪章》是事后法，以其中新设罪名审判被告此前行为无效。但是，事实胜于雄辩，正义必战胜邪恶，大量人证、物证（历史档案资料）不容被告否认。1948 年 11 月 4 日至 12 日，远东国际军事法庭宣读判决书，最终认定：为达到在东南亚、太平洋及印度洋，以及该地区内与其接壤的国家和岛屿取得军事、政治、经济的控制地位的目的，“日本单独或伙同其他具有同样目的之国家，发动侵略战争，以对付反对此侵略目的的国家”，“实际上不可设想还有什么比阴谋发动侵略战争和实行侵略战争更严重的罪行，因为这一阴谋威胁了全世界人民的安全，而其实行破坏这种安全”，“实行侵略战争的阴谋已经是最高限度的犯罪”。[①] 经 11 名法官投票表决，法庭判决 25 名被告全体有罪，[②] 土肥原贤二、广田弘毅、板垣征四郎、木村兵太郎、松井石根、武藤章、东条英

① 程兆奇主编：《远东国际军事法庭庭审记录·中国部分——附录：远东国际军事法庭判决书》，上海交通大学出版社 2015 年版，第 581、584 页。

② 28 名被告中，永野修身、松冈洋右病死，大川周明被认定精神失常免于起诉。

机执行绞刑，荒木贞夫、桥本欣五郎、畑俊六、平沼骐一郎、星野直树、木户幸一、小矶国昭、南次郎、冈敬纯、大岛浩、佐藤贤了、岛田繁太郎、铃木贞一、贺屋兴宣、白鸟敏夫、梅津美治郎等被判无期徒刑，东乡茂德被判20年有期徒刑，重光葵被判7年有期徒刑。1948年12月23日，东条英机等7名战犯被执行绞刑。

至于审判日本乙丙级战犯（次要战犯），据粗略统计，美国、英国、澳大利亚、荷兰、中国、法国、菲律宾七国共设审判法庭约50所，从1945年10月8日美军马尼拉审判开始至1951年4月澳大利亚军马努斯审判为止，审判案件总计2244件，被告5700余人，共判处死刑971人（执行916人）、无期徒刑479人、有期徒刑2953人，无罪释放1049人，其他不起诉等284人。[①] 此外还有1949年12月苏联伯力审判，以及1956年6月、7月中华人民共和国太原审判、沈阳审判，均无死刑判决。

在对日本战犯的审判中，美方尤其注意日军对美军俘虏犯下的罪行。这是因为，在1942年4月日军进攻菲律宾时，7.9万名美菲联军投降，其中美军1.2万人。在随后的“巴丹死亡行军”及集中营管理中，当

---

① 岩川隆：『孤島の土となるとも—BC級戦犯裁判—』、講談社、1995年、第648頁。

地日军司令本间雅晴的命令导致美军俘虏出现超万人的死亡。日军以未在《日内瓦公约》签字为由，无视国际条约关于对待战争俘虏的规定，肆意侮辱、蹂躏、奴役、杀害俘虏，尤其针对美军俘虏。在托拉克岛日本海军第四医院，其院长江原刚宣称“陆军已在满洲进行人体实验，海军如果不进行这类实验就落后了”，于1944年使用美军俘虏进行所谓“医学实验”，并残忍杀害四名美军战俘制成美国人头盖骨标本后分送给了四所日本医学校保存。该院长最后被美军事法庭判处绞刑。日军作恶多端，美国严惩不贷当属必然。

至于日军在中国大陆犯下的滔天罪行，无须详述。除中国外，1942年2月14日日军攻陷新加坡，7万名英澳联军投降，澳大利亚战俘达1.5万人，其中超过半数遭日军虐待致死。在此前后，日军攻打荷属东印度安汶岛、轰炸拉哈机场、轰炸达尔文港，也造成了澳大利亚军民的大批伤亡。尤其一张日军士兵挥刀砍杀澳大利亚战俘的照片，引起澳大利亚军民莫大的耻辱感，誓与日本侵略军不共戴天。至1943年新几内亚战役，澳军拒不接受日军投降，一举歼灭日军19万人。澳大利亚军事法庭更是宿仇必报，共判处日军战犯绞刑94人、枪决3人、无期徒刑23人、有期徒刑219人。

日军攻占新加坡后，日军司令山下奉文发出命令：

“应将中国人（华侨）分类隔离，集中关押。对嫌疑分子即有反日情绪者，及前政府官厅官吏等得绑架杀害之”，“要注意充分做好这项工作”。其属下各部积极执行命令，将援助中国大陆抗日、在当地进行反日斗争的爱国华侨分批残忍枪杀，被害者有数千至数万各说不一。据统计，英军主持的十处军事法庭共判处日军战犯绞刑 269 人、枪决 12 人、无期徒刑 52 人、有期徒刑 479 人，其中新加坡法庭（也有澳大利亚、荷兰人员参加审判）判处绞刑 137 人、枪决 4 人、无期徒刑 43 人、有期徒刑 229 人，但对其中成批残杀华侨数千人的重大事件，除山下奉文外，仅有 2 名责任将官被判绞刑，还有无期徒刑 5 人。[①] 其判罚之轻，暴露了英军当局重拳打击日军对英犯罪、轻忽处理日军对华人犯罪的不公正取向，引起中国民众和广大华侨的不满。

概言之，世界反法西斯战争的胜利为第二次世界大战结束后确立国际新秩序创造了具有决定方向意义的先决条件。德、日、意作为发动侵略战争、给多国人民造成深重灾难的战败国，必须按照世界反法西斯力量的统一意愿进行彻底改造，不再成为发动侵略战争、危害世界和平的战争策源地，这是确立战后国际

---

① 岩川隆：『孤島の土となるとも—BC 級戦犯裁—』、講談社、1995 年、第 196、204 頁。

新秩序的最主要目标。这一国际新秩序的本质含义应是反对侵略、反对独裁，主张和平、主张民主，实现共同发展繁荣。《开罗宣言》《波茨坦公告》《雅尔塔协定》《日本投降书》以及《远东委员会对投降后日本之基本政策的决议》等一系列相关国际文件是确立战后国际新秩序的基本指针。

这些文件亦规定了确立战后国际新秩序的四大支柱。一是限定国土，侵略国家必须全部退出其历来以各种方式侵占的他国土地和海洋，这些国家的人民因此获得胜利感；二是审判战犯，坚决把作恶多端、血债累累的各级战争势力推上历史的断头台，让受害国人民报仇释冤，还世界人民以正义；三是战争赔偿，侵略战争加害各国，不赔偿何以向被害国人民洗罪；四是民主改革，从政治、法律、文化、军事、经济、社会各方面进行改革，铲除军国主义、法西斯主义滋生的土壤，使受害国人民曾饱受其蹂躏之心境得以恢复平静。总之，确立国际新秩序的最主要结果应是确保世界能够摆脱侵略战争、获得和平发展。显而易见，在上述举措中，审判战犯一项具有对后续影响巨大的“下马威”式的作用，必须做且必须做好，可称确立战后国际新秩序的重要柱石。

观察审判战犯的各类历史档案或记录、回忆录可以得出的基本认知是，各级法庭以法律为准绳，以事实为基础，以民众揭发为依据，对各级战犯作出了应有的判罚。当然，在当时十分复杂的环境下，漏网之鱼、判罚轻重不一在所难免。日本战犯虽狡辩无休，但对押解和判罚皆无语就范。总之，可以说国仇得报、民怨得伸，审判战犯取得的成果应予以肯定。

（二）东京审判的问题点值得关注

东京审判应予以肯定，但也存在值得注意的问题。第一个问题就是日本天皇裕仁未能作为战犯接受审判。日本无条件投降后，美国、澳大利亚等多国人民强烈要求将日皇裕仁押上被告席接受盟国的正义审判。日皇裕仁以《大日本帝国宪法》所处法律地位，集一切国家最高权力于一身，又以“神灵”之躯接受臣民顶礼膜拜，成为臣民“神圣不可侵犯”的精神领袖，日本人因此称日本进行的侵略战争为“圣战”，高喊着“天皇陛下万岁”去冲锋陷阵、杀人越货。日皇裕仁当然是日本军国主义推行侵略战争、破坏世界和平的罪魁祸首、最高责任人，无论日本各级战犯如何狡辩，这一点是改变不了的。

不仅在法律层面、精神层面如此，实际上日皇裕仁也深深卷入了日本对外侵略的实际事务之中，对重大政治问题、军事问题尤其如此。1938 年“张鼓峰事件”后，裕仁就斥责部下说：“今后没有朕的命令，一兵一卒不许动！”[①] 而且，在第二次世界大战刚结束时，裕仁曾向亲信讲述了自己几十年参与干涉政治、军事诸事件的经过，其内容在1990年得以公开，在日本社会引起不小的震动。木户幸一自1940年6月1日出任日皇身边最重要的职务“内大臣”，是日皇的头号亲信，其日记是记录裕仁如何参与国政的重要史料。1964年，木户曾不加隐讳地说：“在总揽国政时，天皇对内阁的上奏事项怀有异议，这一情况当然存在。从原则来说，天皇是在国务大臣的辅弼下管理国政的，但有时也会说出自己的强硬意见。”“在陛下有意见时，内阁或者重新考虑，或者作某些调整，此乃惯例。”“在天皇不同意的时候，一般说来，问题会原封不动地保留下来，或者延期决定，或者内阁一方重新考虑，这是常事。”这是木户回忆其任内大臣时日皇裕仁与臣属处理国务的实际状况，由此可见裕仁应承担的国务责任，岂容日皇推卸。东条英机在东京审判中也说：“日本的臣民不会做出违反陛下意志的事情，更何况是日本的高官。”而战后日本一些影视作品将日皇裕仁描绘成对臣下从不作答的无为之君，这显然是愚弄民众认知、为日本军国主义涂脂抹粉的一

① 《日本昭和天皇回忆录》，陈鹏仁译，台北：台湾新生报社1991年版，第40页。

大骗局。

既然如此，为何日皇裕仁未接受战犯审判？东京审判首席检察官季南不加隐讳地说，不起诉日皇是“高度政治层面的决定”。1945年10月，美国政府三部协调委员会决定，先行秘密搜集日皇的罪证，并由盟军最高统帅提出审判建议。11月29日，美国参谋长联席会议秘密指示麦克阿瑟搜集裕仁战争罪行的证据，“美国政府的态度是，不排除裕仁作为战犯受到逮捕、审判、处罚。等没有天皇也能圆满实施占领的时候，就可以考虑提出对天皇的审判问题”。显然，美国官方、军方对日皇裕仁的态度是先利用、后处罚。

然而，麦克阿瑟从其占领日本的实践体会出发，切实感到：经过几十年的神化教育，日皇在日本国民心中具有崇高地位，对日本国民的行为产生巨大作用。所以，麦克阿瑟表示，“当华盛顿有点转向英国的观点（将日皇作为头号战犯进行审判）时，我就提出，要采取这一行动至少需要一百万人的援军。我认为如果天皇作为战犯受到控告或被绞死，那么整个日本就必须建立军事管制政府，并很可能爆发游击战争”。日皇裕仁并未意图洗脱自身的责任。1945年9月27日，裕仁前往驻日盟军总司令部拜见麦克阿瑟，表示对日本在战时政治和军事方面所作的一切决定和行动负全部责任，自己愿意接受驻日盟军总司令部所代表的各国的裁决。[1] 这种表态给麦克阿瑟留下了良好印象，再考虑到盟军占领日本的实际需要，麦克阿瑟遂作出不起诉转而利用裕仁的决定。

这样的决定虽然有利于盟军的占领，但对要求审判日皇裕仁的多数国家是一个打击，这些国家人民心中的战争创伤更因此难以抚平。对日本而言，这也大大减弱了日本民众对刚刚结束的侵略战争之严重危害性的认识，从而对战后日本的民主改革产生了不容忽视却常被忽视的负面影响。

第二个问题是日本关东军一批细菌战战犯未接受审判从而逃脱了应受的惩罚。1936 年 5 月 30 日，日本军部以日皇敕令的方式发布军令陆甲第七号《满洲派遣部队一部之组编及编制改正要点》，规定在 1936 年 8 月上旬组编关东军防疫部（编制 70 人）和关东军军马防疫厂（编制 24 人），均要求在 8 月初组编完成。此关东军防疫部即后来专门从事人体细菌实验并培养大批毒害细菌为日本侵略战争服务的第七三一部队（1941 年改称）。除位于哈尔滨平房的本部外，第七三一部队还有多处分支机构，石井四郎（关东军第七三一部队创始人和部队长）、北野政次先后出任部队长。

第七三一部队使用活的人体进行细菌实验，其中

---

① 《日本昭和天皇回忆录》，陈鹏仁译，台北：台湾新生报社 1991 年版，第 117 页。

活体解剖更不可少，仅在哈尔滨本部就因此杀害了3000多名中国人、苏联人和朝鲜人。其手段之残忍，不忍细述。1945年8月日本投降前夕，日本参谋本部怕此事累及天皇裕仁，遂向石井下达了命令：第七三一部队全面解散、消失，队员即刻回日本，爆破建筑，炸毁设备，处死在关押的"丸木"①，焚烧后将灰烬撒入松花江，让一切证据物件永远从地球上消失。

美国其实早就关注到日本的细菌战研究。1945年9—10月，麦克阿瑟就命令化学战部队的成员桑德斯调查第七三一部队，11月调查报告出炉，遗憾的是，没有得到有关第七三一部队进行活体实验的任何消息。1946年1月美国细菌实验基地德特里克堡的汤普森抵达日本再次进行调查，曾两次直接讯问石井四郎，但石井四郎满嘴谎言，为自己辩解，并否认进行人体实验。《汤普森报告》同样由于被讯问人员的隐瞒而缺少活体实验的内容。

1947年1月，苏联向美军占领当局提出要审讯第七三一部队的主要成员石井四郎等人，这给美军乃至美国带来不小的冲击。4月，美国派出费尔进行第三次调查，讯问石井四郎及其他主要成员。石井说："如果你们能向我和上司、部下提供免责文书，我可以提供全部情报。我想以细菌战专家的身份受雇于美国。

① 日军对其各种血腥活体实验受害者的侮辱性称呼。

为准备对苏战争，可以向美国提供我 20 年研究的实验成果。”6 月《费尔报告》出炉，其中加入了大量人体实验的内容，并称获得了 8000 张利用 200 多名实验者制成的显微镜用标本。9 月 8 日，美国国务院向麦克阿瑟发出指示：“虽不给石井等人作出免除战犯罪责的许诺，但是可以告诉他们，美国当局从美国安全保障的角度考虑，不对石井及有关人员的战争罪责予以追究。日本的细菌战情报，对美国的细菌战研究计划来说具有重大的价值。在美国看来，第七三一部队的细菌战资料的价值，远远超过了将石井等人追究为战犯所产生的价值。这对美国的安全保障更为重要。”

1947 年 12 月，美方关于日军细菌战的第四份调查报告《希尔报告》出炉。在这次调查中，美方代表希尔共讯问原第七三一部队成员 50 余人次，其中提审石井四郎就有 10 次之多。石井四郎参与的实验有波特淋菌中毒、气性炭疽、鼻疽病、鼠疫、天花、破伤风、兔热病等，都是人体活体实验。

总之，石井四郎这一伙军国主义分子，无视国际法，以医学为工具为军国主义侵略战争服务，狂热主张进行细菌战（自我美化或称“生物战”），为此必须搞人体细菌实验。但是，在日本国内人体细菌实验“不能进行”，所以“可以去北满（哈尔滨）进行”（石井语）。石井一伙完全抹杀了中国人的人权，以

“抗日”“特务”“罪犯”等名义，随意抓捕中国人和部分苏联人、朝鲜人及美国人，其中包括妇女、儿童，以各种人体实验的方式总共残害3000人以上。此等罪恶滔天的刽子手不作为战犯接受正义的审判，是对人间正义的最大侮辱。而美国为了获得日本恶魔手中的人体实验资料，面对苏联审判这些细菌战战犯的强烈要求，却仍冒天下之大不韪，与这些细菌战战犯达成交易，让其逃脱了应得的惩罚。美国方面在处理该问题的过程中，只关注资料的真实性和保密性，资料内容绝对不能泄露给苏联，却没有任何人、任何时间、任何文件对被残害牺牲的多国人士表示过丝毫的怜悯和同情，因此也就没有对这些日本恶魔表示过应有的愤怒和谴责。

第三个问题是东京审判没能坚持到最后。第一阶段，从抓捕战犯、设立法庭、认真审判到判刑执行，其间虽然辩护方执行拖延战术，使得庭审时间大大延长，但这一流程基本上依照相关法律进行，达成了既定目标。尤其处死东条英机等7名首恶，更是大快人心。在第一阶段进行时，驻日盟军总司令部（GHQ）内已有人开始了对下一阶段审讯的准备工作，但因第一阶段进展缓慢、工作量太大，便出现了对下一阶段能否进行的怀疑。第二参谋部部长威洛比在1947年6月就提出释放50名在押战犯的建议，国际检察局虽然不赞成，但碍于长期羁押不予审判有违相关原则，因而陆续释放了一批在押战犯。从国家层面而言，苏联主张国际审判应持续进行，而美英两国对此表示反对。首席检察官季南明确表示，如果要对日本所有犯破坏和平罪的人进行审判，必然要耗费太长的时间；东京审判选择了对最重要、占最高统治地位的人物予以起诉，从这个意义上讲它是一次具有象征性的重要审判；今后不应再进行新的国际审判，在其余的战犯嫌疑人中，如果有证据确凿者，最好在小规模的乙丙级审判中予以审理。因此，在处决东条英机等 7 名主要战犯的翌日，即 1948 年 12 月 24 日，GHQ 决定对岸信介、西尾寿造、笹川良一、儿玉誉士夫等 19 名在押犯全部免于起诉并释放。

其实，美国此举还有一重要背景，即 1947 年“杜鲁门主义”出台，美苏冷战开始；1948 年，中国大陆蒋介石集团节节败退，已不能承担东方的反共任务，美国便欲改限制日本为扶植日本，为己方张目。从速结束审判战犯理所当然成为重要选项，法律为政治让步并不奇怪。此举的后遗症是，岸信介一类右翼政客不仅未受审判，反而成为“英雄”般人物，不久便重返政治舞台，进而主导日本政治在亲美、反苏、反华的道路上发展。

（三）日本战争意识的回潮与国际秩序新变化

日本战争意识的回潮何其早也。日本政府的第一个措施是想方设法释放战犯。在 1951 年“旧金山和约”① 第十一条中，日本承诺“接受远东国际军事法庭与其他在日本境内或境外之盟国战罪法庭之判决，并将执行各该法庭所科予现被监禁于日本境内之日本国民之处刑。对此等人犯赦免、减刑与假释之权，除由每一案件科刑之一个政府或数个政府之决定并由日本之建议外，不得行使。如该项人犯系由远东国际军事法庭所判决，该项权利除由参加该法庭之多数政府之决定并由日本之建议外，不得行使”。但在现实中，日本抓住“建议权”不放，并主动先行向有关国家“建议”，以多种理由要求对方同意对某在押日本战犯赦免、减刑与假释。同时，不忘在民众组织中造势，形成要求释放在押战犯的运动；日本众议院亦多次通过呼吁释放所有战犯的决议；日本政府成员更是每逢与美方会谈必提出此要求。

鉴于东亚及台海形势，台湾当局于 1952 年 8 月 5 日

① 1951 年美国纠集一些国家，在排斥中国、苏联的情况下对日单独媾和而发表的非法、无效的文件，中国政府一贯拒绝承认。

同意释放其判刑的战犯。法国、澳大利亚也分别于1954年和1957年同意释放战犯。但美国较为慎重，意识到不能因为在该问题上操作失误、急于求成而否定了审判日本战犯的意义，使在押战犯摆脱罪责，故而常犹豫不决、对日本虚与委蛇。日本政府并未停止、原地等待，而是利用各种理由和机会“假释”战犯，至1956年假释了所有的甲级战犯。1958年4月17日，美国与英国、荷兰同意取消这些甲级战犯的假释身份，满足了日本的要求。12月29日，乙丙级战犯问题也得到解决。

日本政府的第二个措施是，在1952年制定《战伤病者、战殁者及遗属等援护法》，即国家对战争中受伤、得病者和阵亡者家属提供抚恤金，另外对阵亡或尚未回国者还有各种名目的补贴。制定该法实质是用实惠收买几千万日本人的人心，从而逃避政府发动战争造成重大伤亡的责任。

日本政府的第三个措施是，继续战时的做法，从1956年开始将新发现的阵亡者、曾经是军人的病故者等的灵位（姓名）放入靖国神社，乙丙级战犯乃至甲级战犯也分别自1959年和1978年作为“为国捐躯”的“英灵”进入靖国神社，受后人顶礼膜拜。靖国神社因此成为为日本军国主义者及其侵略战争翻案的“上佳宝地”。1975年日本时任首相三木武夫以私人身份参拜靖国神社，1985年时任首相中曾根康弘以公职身份参拜靖国神社，2001 年开始时任首相小泉纯一郎先后六次参拜靖国神社，2016 年开始安倍晋三以自民党总裁身份四次参拜靖国神社。不仅如此，日本大小政客也纷纷把参拜靖国神社当作亮明右翼保守政治立场之效果最刺眼的“名片”，甚至有日本政客狂妄地主张应该要求访问日本的外国元首也去参拜靖国神社。

同时，日本政府认为，应充分利用远东国际军事法庭印度法官帕尔的地位和言论为释放战犯、为“大东亚战争”翻案服务。1952 年，《帕尔意见书》在日本出版，名为“日本无罪论”，帕尔亦访问日本。经过各大媒体的宣传造势，帕尔及其“日本无罪论”的影响被加速放大。1966 年帕尔最后一次访日，受到高规格接待；日本时任首相佐藤荣作会见了帕尔；日本政府为其举办了盛大招待会，内阁官房长官出席；帕尔还到皇宫拜访，并被授予勋章“勋一等瑞宝章”；岸信介和清濑一郎全程陪同。1967 年帕尔去世，但日本利用帕尔的势头并未减弱。2005 年，东京靖国神社游就馆前竖起了帕尔“显彰碑”，意欲“表彰”帕尔在东京审判中对日本的“贡献”；2007 年 8 月日本时任首相安倍晋三访问印度，在印度国会发表演说中还提及“在远东国际军事法庭展现巨大勇气的帕尔法官，今天仍受到许多日本人不变的尊敬”。

不仅仅是上述几种表现，事实上战后 80 年，日本始终存在着左翼革新势力与右翼保守势力的斗争，但1991年苏联解体，社会主义阵营瓦解，日本左翼革新势力的发展由此进入衰退期，右翼保守势力则强劲发展。至1995年，由右翼保守政客组成的历史研究委员会出版了《大东亚战争的总结》一书，专门批判东京审判形成的所谓“自虐史观”，拒绝承认日本进行的对外战争是侵略战争，努力宣扬“大东亚战争”是“自存自卫”“解放亚洲”战争的“皇国史观”。至于对侵略中国的认识，则妄称“与中国只有‘事变’、没有战争，更没有侵略战争，当然无须遵守战争法规，南京大屠杀是后人编造而不可信”。更为严重的问题在于，这些反动而荒诞的言论在日本的影响越来越大，几乎已成为其自诩的社会“正论”。

可以说，战后80年，日本摆脱“和平宪法”束缚走回潮之路，已经取得了其预想的成果——为昔日“大日本帝国”的荣光而骄傲，为未来日本的“再次伟大”而欢欣鼓舞。日本著名记者本多胜一曾评价日本人是“不会反省的民族”，这是非常有深度的评价。日本人为什么是“不会反省的民族”，受“皇国史观”毒害、笃信“大和民族优越论”等，原因很多。

（四）小结

如前所述，战后国际新秩序包含多项内容，其中最主要的就是将战争策源地日本改造成和平民主的日本。审判战犯的成果必须肯定，存在的问题亦不容忽视。经过 80 年，国际形势发生巨变，日本的历史修正主义也十分严重，不仅旧有的侵略理论没有被认真批判，“中国是日本最大的现实威胁”“台湾有事就是日本有事”之类的新侵略理论又应运而生，中国人民对此不得不抱有警惕。

四　盟国对日占领政策与战争责任追究*

1945年8月15日，日本战败投降，美国以盟国①的名义迅速派兵进驻日本，建立以麦克阿瑟为最高统帅的GHQ，实施军事占领，开展非军事化及民主化改革。在解除武装、修改宪法、解散财阀、农地改革等一系列改革措施陆续展开的同时，GHQ还按照反法西斯同盟达成的协议和国际法，迅速开启了对日本战争责任及战争犯罪的追究。追究的手段主要有二：一是对日本军国主义和极端民族主义者及其团体进行整肃；二是开设远东国际军事法庭审判日本战犯。围绕该课题，学界已经有所研究，但受时代和资料局限，还有

---

* 本章作者为南开大学宋志勇教授。

① 第二次世界大战期间形成的反法西斯同盟一般指1942年1月1日签署《联合国家宣言》的美、英、苏、中等26个国家及此后加入该宣言的国家（共52个国家）。本章涉及的盟国，主要指战后设立的“远东委员会”（Far Eastern Commission）和“盟国对日管制委员会”（Allied Council for Japan）成员国。

不够深入之处。特别是在中国人民抗日战争暨世界反法西斯战争胜利80周年的重要历史节点，我们重新审视本课题，应当有新的感悟和认识。

（一）追究日本战争责任是国际社会的共识

第二次世界大战期间，德、日法西斯都犯下了极为严重的战争罪行。严厉追究德、日法西斯发动侵略战争和反人道罪行的责任，是所有反法西斯盟国的共同意志，是对两个法西斯国家挑起侵略战争、进行惨绝人寰的种族灭绝和大屠杀罪行采取的必要措施，也是人类文明和法律正义原则的要求。

惩治战争犯罪的呼声最早针对的是纳粹德国的疯狂对外侵略以及对犹太人采取的种族灭绝政策。1933年希特勒建立独裁统治以后，不仅频频发动对外侵略战争，而且在国内外实行犹太种族灭绝政策，大肆屠杀犹太人及占领国人民，引起了国际社会的极大愤慨和谴责。

1942年1月13日，遭受纳粹德国侵略的捷克斯洛伐克、荷兰等九国流亡政府在伦敦发表宣言，谴责纳粹的战争罪行，要求组织国际法庭，审判纳粹战犯。这是国际社会第一次明确提出组织国际法庭惩治战争犯罪。

1943 年 10 月 20 日，美、英、法、中等 17 个国家在伦敦成立“联合国战争犯罪调查委员会”（UNWCC），旨在对法西斯国家的战争犯罪进行国际调查、取证，初拟战犯名单。在中国的倡议下，UNWCC 于 1944 年 5 月决定在中国重庆设立远东及太平洋分会，主要调查日本的战争罪行，曾担任海牙常设国际法院法官的王宠惠担任首任主席。在中国政府的积极支持下，该分会收集整理了大量的日本战争罪行资料，为战后追究日本的侵略战争责任作出了重要贡献。

1945 年 5 月，纳粹德国战败。8 月 8 日，参加欧战的英、美、苏、法四大盟国签订了关于设立国际军事法庭审判纳粹主要战犯的“伦敦协定”以及《欧洲国际军事法庭宪章》，确定以国际军事审判形式处罚纳粹德国首要战犯及犯罪组织，追究其战争责任。11 月 20 日，审判德国纳粹战犯的纽伦堡审判开庭，拉开了战后审判德日法西斯战犯的序幕。

在亚太地区，铲除军国主义和专制主义、把日本改造成民主国家是所有盟国的共同战后对日政策目标。而通过审判战犯及对军国主义进行整肃的形式追究日本的侵略战争责任，是达成这一目标的重要手段。盟国在一系列国际会议和国际文献中均表明了这一共同意志。1943 年 12 月 1 日，中、英、美三国政府发表《开罗宣言》，宣布“三大盟国将为制止并惩罚日本的侵略而战”。1945 年 7 月 26 日，中、英、美三国政府发表《波茨坦公告》，敦促日本立即无条件投降。公告明确表示：“欺骗及错误领导日本人民使其妄欲征服世界者之威权及势力，必须永久剔除。盖吾人坚持非将负责之穷兵黩武主义驱出世界，则和平安全及正义之新秩序势不可能。”“吾人无意奴役日本民族或消灭其国家，但对于战罪人犯，包括虐待吾人俘虏者在内，将处以法律之裁判。”

1945 年 8 月 15 日，日本宣布接受《波茨坦公告》，向盟国投降。8 月 30 日麦克阿瑟以驻日盟军最高统帅身份率美军进驻日本本土，组建驻日盟军总司令部，此后即按照《波茨坦公告》要求和美国政府 9 月公布的《日本投降后初期美国的对日政策》，展开全面的对日非军事化和民主化改革。审判战犯，追究日本的战争责任是这一改革的重要内容。12 月 27 日，美、英、苏三国外长在莫斯科签署协议（并征得中国同意），成立由美、英、苏、中等参加对日作战的 11 国组成的“远东委员会”。该委员会是盟国对日占领政策的最高决策机构，它通过美国政府指导 GHQ 落实《波茨坦公告》要求，并有权审查 GHQ 的在日施策。此外，还成立了由苏、美、中、英代表组成的“盟国对日管制委员会”，作为 GHQ 的咨询机关，就落实盟国对日占领政策与 GHQ 协商并提出建议。这两个机构在战后对日占领政策的立案及监督方面，都发挥了一定的作用。但是，由于美国单独占领日本，所以主导权还是被美国所掌握，特别是 GHQ，在对日占领政策的制定及实施上起了关键作用。

如此，以美国为主导的盟国追究日本战争责任的政策制定及实施体制基本建立起来。

（二）东京审判对日本战争责任的追究

根据已达成的国际共识和《日本投降后初期美国的对日政策》指令，1945 年 12 月 8 日，驻日盟军最高统帅麦克阿瑟宣布设立 GHQ 直属的国际检察局，任命美国检察官季南为远东国际军事法庭首席检察官兼国际检察局局长，立即着手准备对日本战犯进行审判的工作。

1946 年 1 月 19 日，根据盟国惩治战犯的一系列共同宣言、《波茨坦公告》中惩办战犯的条款及美国对日占领政策，并经盟国授权，麦克阿瑟公布了《设置远东国际军事法庭的特别通告第一号》，宣布设立远东国际军事法庭，审判“被控以个人身份或团体身份，或同时以个人身份兼团体成员身份，犯有任何足以构成破坏和平之罪行者”。同日还公布了《远东国际军事法庭宪章》，对法庭的组成、管辖权、审判程序、法庭权力及判决等都作了具体的规定。其中法庭管辖权是法庭宪章的核心内容，它规定：“犯有下列罪行之一者，即构成犯罪行为，本法庭具有管辖权，犯罪者个人应单独负其责任。其一，破坏和平罪。指策划、准备、发动或执行一场经宣战或不经宣战之侵略战争，或违反国际法、条约、协定或保证之战争，或参与为实现上述任何行为之共同计划或共同谋议。其二，普通战争犯罪。指违反战争法规或战争惯例之犯罪行为。其三，违反人道罪。指战争发生前或战争进行中对任何和平人口之杀害、灭种、奴役、强迫迁徙，以及其他不人道行为。”远东国际军事法庭对上述管辖权的规定，首次将破坏和平罪、违反人道罪以及个人为战争罪行负责正式、明确地引入国际审判中，在国际法发展史上具有划时代的意义。

1946年4月3日，“远东委员会”讨论通过了《远东委员会关于逮捕、审判和惩处战犯的决议》，并交由美国政府作为指令传达给驻日盟军最高统帅执行。由此，东京审判在形式上从美国主导转变为盟国集体领导，美国的主导地位受到了一定的约束。远东国际军事法庭也由“远东委员会”成员国美、英、中、苏等 11 个国家派出的法官和检察官组成，被告名单则由国际检察局确定。国际检察局的各国检察官经过反复讨论，确定了东条英机等 28 名被告名单，并向法庭提起诉讼。

1946 年 5 月 3 日，东京审判正式开庭。首席检察官季南代表国际检察局宣读起诉书，控告荒木贞夫等 28 名被告犯有共谋策划、准备、发动和进行侵略战争及在战争中进行大屠杀和虐待俘虏等多项罪行。起诉书指出，被告们为了实现控制、剥削世界其他地区的阴谋，犯下了或鼓励他人犯下了破坏和平罪、普通战争犯罪和违反人道罪，从而威胁并损害了人类的尊严和自由的基本原则。

东京审判的审理主要包括两大部分，一是检方对日本军国主义侵略政策和战争暴行的揭露，二是对被告个人应负责任的追究。审判从 1946 年 5 月开庭，到 1948 年 4 月审理结束，历时近两年。围绕日本国家及被告个人的战争责任，控辩双方及被告在法庭上展开了一场旷日持久的法律大战，其激烈程度和复杂性不亚于刚刚结束的世界大战。开庭伊始，被告辩护人就提出否定法庭合法性的动议及被告无罪主张，对此，季南代表检方进行了全面驳斥，就东京审判的合法性、重要性进行了全面阐述。他指出，这不是一场普通的审判，而是我们“为了拯救破灭的世界而展开的关乎文明的坚决的斗争”。

经过长达两年的“马拉松式”审理，1948 年 11 月 4 日，远东国际军事法庭进行了宣判。法庭庭长威廉·韦伯宣读了判决书，判决书长达 1800 页，宣读历时一周，不失为法学和历史巨著。

判决书对日本策划、准备、发动和进行侵略战争的过程及犯罪行为作了详细的揭露，指出：1928 年以后，日本的内外政策都是以准备和发动对外侵略战争为目的。特别是从 1933 年开始，日本陆续退出了国联及其他限制军备的国际会议和条约，大胆为发动侵略战争做准备。在政治上，军阀的势力日益加强，内阁越来越受军部的控制，使日本最终走上了军国主义侵略的道路；在经济上，日本掠夺中国的资源，建立战争经济体制；在外交上，日本鼓吹建立“大东亚共荣圈”，勾结德意法西斯势力，图谋称霸世界。判决书用大量篇幅揭露了日本在战争期间对中国实施的一系列侵略、屠杀罪行，重点介绍了“南京大屠杀”。判决书认定，“在日军占领后的最初六个星期内，南京及其附近被屠杀的平民和俘虏，总数达 20 万人以上”。判决书还揭露了日军在东南亚等地惨无人道地大规模屠杀俘虏及平民的暴行。

根据大量确凿事实证据，远东国际军事法庭最后依法判决 25 名被告全体有罪，其中东条英机等 7 名被告被判处绞刑，其余被告分别被判处无期徒刑或有期徒刑。这些侵略战争的策划者、执行者，最终为所犯战争罪行承担了责任，付出了代价。

（三）对军国主义分子及其团体的整肃

除公审战犯外，盟国还对日本军国主义分子及其政治团体进行了“公职整肃”和“教职整肃”。① 这是落实《波茨坦公告》要求、对日本进行非军事化及民主化改革的重要一环，是追究日本战争责任的重要举措之一。

对军国主义分子及其团体进行“整肃”，摧毁其法西斯专制主义的基础，是盟国对日占领政策的重要内容。“公职整肃”与“教职整肃”作为非军事化即消除军国主义和专制主义的重要措施，备受 GHQ 重视，行动极为迅速。

1945 年 10 月 4 日，GHQ 首先向日本政府发出了《关于废除对政治、公民及宗教自由限制的备忘录》（简称“人权指令”），要求日本政府保障国民思想、言论、信仰等的自由，废除《治安维持法》等法西斯专制法律，释放政治犯，罢免内务大臣及警察系统高

① 这里的“整肃”（日语为“パージ”；英语为“purge”），是指对日本军国主义分子及其团体的清除、处罚之意。

级官员，废除一切秘密警察机构及特高警察。根据GHQ的指令，10月9日开始，作为日本法西斯军国主义国家镇压机器核心的内务省首先被整肃，内务大臣被罢免，近5000名内务省系统官员被解雇。10月13日，臭名昭著的特高警察被解散。声势浩大的公职整肃由此拉开序幕。

围绕公职整肃，GHQ民政局（GS）参照美国在德国制定的“非纳粹化”政策，制订了系统全面的计划。

1. 第一次公职整肃的实施

GHQ实施公职整肃的正式指令是1946年1月4日发布的《关于解除不受欢迎人物公职的指令》。它主要由《关于废除政党、政治结社、协会及其他团体之备忘录》（SCAPIN548）和《关于解除不适宜从事公务者公职之备忘录》（SCAPIN550）两份文件构成。其中，SCAPIN548号备忘录划定了需要解散的军国主义、侵略主义等极端国家主义团体的类型，并特别指定了大日本一新会、大日本兴亚联盟、大日本生产党等27个予以解散的军国主义团体。而SCAPIN550号备忘录对公职整肃中“罢免”“排除”等惩罚规则进行了界定，规定被“罢免公职”或“排除公职”的人员将被禁止担任国家公职及官职，不能参加众议院选举和担任贵族院议员，不得担任地方长官等官职。该指令还在附表中明确了整肃标准，并将整肃对象分为七大类，即：A类，战犯；B类，职业陆海军军人；C类，极端国家主义及暴力主义团体的骨干；D类，大政翼赞会、翼赞政治会及大日本政治会等政治团体骨干；E类，助力侵略扩张的金融机构和开发机构骨干；F类，占领区行政长官；G类，其他军国主义者和极端国家主义者。

从上述GHQ下发的公职整肃指令的内容看，此次公职整肃对象所涉及的公职人员，既包括日本发动对外侵略战争期间在日本中央政府等部门任职的政治家、文官和军人官僚，也包括其间作为民间团体鼓动战争或进行战争宣传的军国主义团体骨干及相关团体。公职整肃指令下达后，日本政府立即商讨对策。按照GHQ的指令，约20万名军人、政治家、行政官员、实业家将被整肃，这无疑会给日本政坛及社会带来巨大动荡。为减少影响，1946年1月13日，时任首相币原喜重郎提出了一个日方的解决方案，即：先由日本内阁设置“审查委员会”，审查公职人员是否符合指令规定的罢免和排除条件，提出问题人物名单，然后再考虑对其中未辞职者采取公职整肃措施。币原的这一方案实际上是对GHQ公职整肃措施的消极抵抗，遭到了GHQ的严词拒绝。最终，币原内阁被迫按照GHQ指令展开公职整肃工作。

首先要确定的是如何应对战后第一次众议院选举。遵照GHQ指令，1946年1月30日，日本政府公布了《关于确认众议院议员候选人资格的文件》，设立了公职资格审查委员会，正式开展众议院选举候选人的甄别工作。截至3月9日，在对3384名众议员候选人的整肃甄别中，93名候选人被取消参选资格，另有159名候选人主动撤回了参选申请。这样，经过选举前公职资格审查，共有252名众议员候选人在公职整肃中丧失了候选人资格。但是，GHQ仍感觉日方在资格审查中不严格、存在纰漏，因而在大选结束后又对当选的众议院议员进行了复查。结果，新当选的鸠山一郎、三木武吉、河野一郎等10名重要议员被宣布当选无效，被赶出众议院。尤其是鸠山一郎作为此次大选后第一大党的自由党总裁，原本即将于5月3日就任日本首相，却被GHQ指令排除公职，震惊全日本。此次众议院选举的公职整肃，是日本从战时的翼赞法西斯政治转变为民主政治的重要标志。大批负有战争责任的军国主义分子及其支持者被清除，在一定程度上保证了新议会的民主主义、自由主义的性质。

解散军国主义团体也是公职整肃的重要一环。在GHQ的监督下，日本政府在同年1月初SCAPIN550号文件指定的27个团体的基础上，又依据相关法令甄别追加了100余个团体，并按照相关规定解散了这些团体，没收了其财产。其中，影响最大的是“大日本武德会”的解散。大日本武德会是1895年设立的以“振兴武德”为名的国家主义团体，会长由退役将官担任。太平洋战争爆发后，大日本武德会加入大政翼赞体制，成为政府外围团体，首相东条英机曾亲任会长，扮演了日本对外发动侵略战争帮凶的角色。该组织在国家的支持下，在全国拥有众多分支机构，会员300多万人，成为与日本在乡军人会齐名的日本规模最大的法西斯军国主义团体之一。日本战败投降后，大日本武德会变换组织形式，企图逃避责任追究。这一情况被GHQ民政局发觉，要求日本政府将其纳入整肃对象。在GHQ的严令下，大日本武德会最终被解散。经过甄别整肃，该会有1300多人受到整肃处理，成为公职整肃的典型案例。

在GHQ的严厉监督下，第一次公职整肃在1946年年底结束。其间，共有8920名公务人员接受了审查，结果有1067人受到整肃处理，其中807人被罢免，260人被排除在公职之外。受到整肃处理的人员中，属于职业军官的有300人，属于军国主义分子及极端国家主义者的有458人，大政翼赞会有关领导人140人，战犯嫌疑人44人。合计超过千名身居高位的日本国家统治集团的成员受到整肃处理，失去公职身份，对日本政治社会影响巨大。

2. 第二次公职整肃的实施

第一次主要涉及国家及中央省厅的公职整肃结束后，GHQ 又决定扩大整肃范围至地方，指令日本政府接着对各都道府县进行公职整肃，以建立稳定的民主政治基础。由此，日本开始了以地方都道府县为中心的第二次公职整肃。

1946 年 8 月 20 日，GHQ 民政局正式下达了要求日本政府制定扩大公职整肃至地方方案的行政指令。据此，9 月 10 日，日本内务省起草了《关于整肃备忘录适用于地方公共团体的文件》。该文件规定此次公职整肃的对象为地方长官、都道府县议员等，并设置机构对地方议会选举进行公职资格审查。此后，GHQ 又要求日本政府在新的公职整肃计划方案中，将整肃对象扩大到经济界，垄断企业领导主管也被列为整肃的对象。在 GHQ 催促、监督下，1947 年 1 月 4 日，日本政府连续公布了《关于禁止就职、退休、退职之改正的文件》等文件，开始了地方公职整肃工作。修改后的法案将公职整肃对象扩大到了日本各都道府县的市町村长及町内会长等，以及敕令官以下的几乎所有在地方政府中担任职务的文官官僚，波及日本社会的基础面。

同一天，日本政府还针对公职整肃的标准和具体范围进行了修订，特别对 SCAPIN550 号文件中“军国主义者及极端国家主义者”范围进行了细化，明确公职整肃的对象包括：第一，在 1937 年 7 月 7 日至 1945 年 9 月 2 日之间担任过国务大臣、内大臣、枢密院议长、内阁书记官长、法制局长官、情报局总裁、企划院总裁、兴亚院总裁及副总裁、对满事务局总裁（含 1937 年以前）、检事总长、驻德国及意大利大使者；第二，在上述期间担任过内阁参议、内阁顾问、枢密院副议长、（情报局）次长及各部长、（企划院）次长及各部长、（对满事务局）次长、（各省）次官、政务次官、各地方总监、警视总监等职务者；第三，有迫害思想自由、侵害人权行为的检察官吏；第四，特高警察及在重大迫害事件中起重要作用者，战时国策公司、营团、统制会、统制公司及其下属机构负责人以及占领地区内各国政府的顾问等；第五，官吏、众议员和参议员、作家等支持战争行为或鼓吹军国主义、独裁主义以及镇压反战思想者；第六，军需工业企业领导层、垄断企业领导层、国内国际贸易垄断领导层；第七，国家主义、暴力主义及秘密爱国团体指导者；第八，1942 年在翼赞选举中被推荐者；第九，担任帝国在乡军人会的郡市区町村联合会分会长或市区町村分会长者等。

从上述内容可以看出，此次公职整肃虽然以地方为核心，但整肃对象不仅限于地方议员、行政长官及市町村基层组织，而是几乎囊括了日本发动对外侵略战争期间的政府官员、经济及企业负责人、金融银行负责人等社会各界人士。可见，此次公职整肃的对象和范围要远远超过第一次公职整肃。在中央公职审查委员会的首轮甄别中，吉田茂内阁厚生大臣河合良成、司法大臣木村笃太郎、商工大臣石井光次郎、大藏大臣石桥湛山四位阁僚受到整肃，被解除了公职，这使吉田茂内阁备受打击。

截至 1948 年 3 月 20 日，第二次公职整肃中都道府县审查委员会共甄别和审理了 623456 名公职人员，其中被整肃的公职人员总数近 4000 人。受到整肃处理的人员包括职业军官 1191 人，与大政翼赞会相关的团体领导人 1343 名，其他军国主义分子和极端国家主义者 1235 名，秘密结社的领导人 110 名，还有战犯嫌疑人 3 名。加上第一批国家和中央政府级审理中被整肃的 1067 人，共有超过 5000 人受到整肃处理。此外，还有近 20 万人以“自我整肃”的形式离职。这样，两次整肃被处理的公职人员总数超过了 20 万人。

与“公职整肃”几乎同时展开的还有对教育界军国主义的“教职整肃”。盟国及占领当局一致认为，教育的军国主义化是日本军国主义的核心，需要进行重点“清洗”。1945 年 10 月 22 日，GHQ 向日本政府发布了《关于日本教育制度管理政策》备忘录，要求“禁止普及军国主义与极端国家主义的意识形态，废除所有军事教育的课程及训练”；要求迅速对教师及教育官员进行调查，“罢免所有职业军人、狂热的军国主义和极端国家主义鼓吹者”；同时还要求公开恢复因遭受军国主义迫害而被解职的教师及教育官员的职位及工作。对教育领域的“教职整肃”就此展开。

同月30日，GHQ又发布了指令《关于教员及教育官员的调查、排除、认可的文件》，提出具体整肃实施要求，如要求“立即解除军国主义与极端国家主义分子、反对占领政策的教师及教育官员的职位，今后也不得在任何教育机构就职”，教育领域不得录用“有从军经历者”；要求文部省设置教员及教育官员资格审查机构，开展“有效的调查”，对所有在任教员及希望任教者进行排查，作出排除或认可的决定。在GHQ的命令、监督下，日本政府陆续发布了《关于教职员的开除、教职禁止及复职》等文件，具体落实教职整肃的要求。文部省、各都道府县及学校分别设置了中央及各级“教员资格审查委员会”，面向所有学校教员和教育官员开展了大规模的“教职整肃”。到1947年4月，针对在职教员及教育官员的审查基本完成，131万名学校教员及教育官员中的绝大部分通过了审查，但有7003名教员和教育官员被认定为在教学、著述及教育管理中“狂热地鼓吹军国主义”“鼓动极端国家主义”或“宣传民族主义优越论的神道思想”，被解除了教师及教育官员职务。教育界的整肃清除了鼓吹军国主义的教师和官员，被称为“精神上的武装解除”。它纯洁了教育队伍，为日本建立新的民主主义教育体系、培养崇尚民主主义和自由主义的新一代青少年打下了良好基础。

但是，就在公职整肃及教职整肃接近尾声的时候，冷战加剧，美国对日政策从“以非军事化和民主化为中心的改革”转变为“积极扶植日本复兴”。在此大背景下，1948 年 3 月，GHQ 宣布公职整肃工作将于 5 月前结束。5 月 10 日，日本政府废除了中央和地方的审查委员会，历时两年多的公职整肃基本结束。此后，在美国的默许和支持下，日本政府进行了大规模的整肃复查和解除活动，大批被整肃的军国主义分子及其支持者被解除整肃，重新回到政界、财界、言论界、教育界，助推了日本保守政治的发展。教职整肃的情况也大致如此，大批被整肃的教员及教育官员，通过申诉的形式被解除整肃，重新回到教育界。不仅如此，GHQ 还与日本政府合作，将整肃对象由法西斯军国主义势力转向日共和左翼团体，开展“赤色整肃”，疯狂镇压日本左翼势力，终将公职整肃引向了歧路。

公职整肃及教职整肃作为战后日本非军事化和民

主化改革的重要组成部分，对日本军国主义分子及其支持者进行了大清算、大清洗，追究了他们的战争责任，为战后民主化改革的顺利进行扫清了道路，打下了良好基础。战后盟国对日占领政策的初衷就是惩治和排除日本军国主义分子及其社会结构，实现日本的非武装化，避免战后日本军国主义死灰复燃进而对邻国及和平国家造成新的军事威胁，引导日本走上民主主义的和平发展道路。公职整肃及教职整肃，排除了军国主义的影响，推动了中央和地方政权及立法机构的民主化，也在一定程度上保证了政治家、政府官员及教育工作者政治上的纯洁性。虽然整肃运动虎头蛇尾，没有按计划彻底完成，最后反而走向了“赤色整肃”的歧路，但就整体来说，公职整肃还是具有积极意义的，对日本最终摆脱军国主义、走上民主主义道路发挥了重大作用，应该给予客观积极的评价。

（四）小结

第二次世界大战结束后，反法西斯盟国在美国的主导下，全面实施了对日本的占领政策。通过东京审判等惩治日本的战争犯罪，通过公职整肃和教职整肃排除、惩治国家重要领域的军国主义分子，追究了日本的战争责任，对实现战后日本的“非军事化”“民主化”战略目标起到了重要作用。战后盟国的对日占领政策是在美国主导下制定、实施的，但都是基于国际共识，既代表了美国的利益，也代表了整个盟国对日政策方向和精神。对日本战争责任的追究也体现了盟国共同的正义诉求。在占领时期，盟国对日本战争责任的追究经历了前后不同的两个时期。占领前期，按照盟国达成的对日政策共识，占领政策实施比较顺利，基本达到了预期目的。但占领后期，由于美国对日政策的改变，日本的非军事化和民主化改革不进反退，在对日本战争责任的追究方面，主要表现为大批在押战犯被释放，公职整肃及教职整肃虎头蛇尾。应该说，此时美国的对日政策已经不再代表盟国的共同利益，而只是美国的私利了。

五　伯力审判与战后苏美围绕日本生物战的情报博弈*

2025 年是中国人民抗日战争暨世界反法西斯战争胜利 80 周年。在过往的世界反法西斯战争胜利纪念活动中，国际社会往往关注知名度较高的纽伦堡审判和东京审判，而揭露日军细菌武器研究和发动细菌战事实的伯力审判（Хабаровский процесс）却鲜少被提及。

实际上，1949 年 12 月 25 日至 30 日，在苏联远东城市哈巴罗夫斯克[①]举行了人类历史上首次针对细菌战罪行的公开审判，史称伯力审判。经过前期缜密侦查、详细审讯和公正公开审判，军事法庭对曾于关东军第七三一部队服役、从事细菌武器开发和细菌战相关研究工作的 12 名日本高级军官作出了犯有反人类罪、战争罪和反和平罪的判决。

---

* 本章作者为中国社会科学院俄罗斯东欧中亚研究所赵玉明副研究员，北京师范大学历史学院硕士研究生崔恺昕。

① 曾为中国领土，称为“伯力”。

（一）关于伯力审判的档案挖掘与研究进展

自1950年至21世纪初，俄罗斯（苏联）和中国学界对伯力审判给予了一定的关注，但由于档案获取受限，已有研究成果的深度和广度均有欠缺。2021年，俄罗斯对外公布了一批有关伯力审判的原始档案文献，为全世界学者研究伯力审判、关东军第七三一部队细菌战罪行及构建正确的二战史观提供了充足的史料基础。

1. 俄罗斯解密伯力审判档案的整体情况

伯力审判结束后，苏联曾于1950年出版了一部包含审判大部分材料的资料集《哈巴罗夫斯克审判材料》。该资料集陆续被译为中、韩、英、法、德五种语言，其中文版正式译名为《前日本陆军军人因准备和使用细菌武器被控案审判材料》。此后直至苏联解体，该资料集一直是关于伯力审判的唯一档案文献汇编，苏联档案管理机构也未再对该资料集进行更新。换言之，在俄罗斯公布新的解密档案之前，这本资料集是中外学界研究日军细菌武器开发和细菌战罪行的最重要的史料依据。

2021年，乌克兰被曝其境内存在一座由美国秘密设立的生物实验室，且该实验室被证实与美国本土德特里克堡生物武器实验基地存在密切联系。为揭露美国德特里克堡生物武器实验基地曾与日本战犯石井四郎、若松有次郎（关东军第一〇〇部队部队长）合作，以后者免于在东京被起诉审判来换取细菌武器研究情报的黑幕，俄罗斯总统普京于同年9月9日提出，在“1941—1945年伟大卫国战争期间纳粹德国及其帮凶对苏联平民犯下的罪行”联邦档案专案下增设“1949年日本战犯哈巴罗夫斯克审判”网络专案（以下简称“专案”）。“专案”公布了由俄罗斯联邦安全局中央档案馆、俄罗斯国家军事档案馆、俄罗斯联邦国家档案馆保存的有关伯力审判的档案文献，研究者可通过访问“1949年哈巴罗夫斯克审判”网①浏览、下载电子化的档案原件。

在上述档案保存机构中，俄罗斯国家军事档案馆保存的档案尤为重要，主要保存了12名从事细菌战相关研究的日本战犯在军事法庭提审前的审讯记录，共有22个卷宗、1200多页，主要由川岛清、西俊英等关东军第七三一部队、第一〇〇部队人员交代，内容涉及这两支部队及其分支机构（如南京“荣”字一六四四部队、广州“波”字八六〇四部队）如何根据裕仁

① 具体网址为 https：//khabarovsk1949.rusarchives.ru/。

天皇的敕令编成，并在哈尔滨驻地开展人体实验、细菌武器野外实战试验，以及在中国境内（浙赣铁路沿线、湖南常德等地）和中苏边境地区发动细菌战、造成当地军民大量伤亡的犯罪事实。

从档案主题来看，俄罗斯此次公布的解密档案可分为四部分。其一，审判筹备工作相关档案，主要包括苏联内务部、外交部、司法部、总检察长办公室之间关于伯力审判各类事项的磋商和会谈，以及苏联部长会议、联共（布）中央政治局关于审判筹备、战犯起诉书、审判庭构成事项的决议。其二，日军战犯审讯记录相关档案，包括关东军司令官山田乙三、关东军兽医部部长高桥隆笃、关东军生产部部长川岛清、关东军军医部部长梶冢隆二等人。此外还有数十名证人提供的佐证记录，涵盖关东军第一〇〇部队和第七三一部队成员。其三，正式审判档案，主要包括军事法庭对日军战犯的起诉书和文字版审判记录、庭审现场录音、影像记录，《太平洋之星》等报纸对审判的实时报道，军事法庭审判长德米特里·切尔特科夫的个人档案、传记和回忆录，以及关于审判的宣传漫画等。其四，审判后苏方同外国政府的通信、照会文件，主要包括苏联政府发给美国、英国和中国政府的照会草案，其中阐述了苏方对于驻日盟军最高统帅麦克阿瑟释放日本战犯决定的立场，以及引渡日本天皇裕仁和部分日本战犯至苏联接受进一步审讯的请求。

这批解密档案蕴含着大量重要的证据信息，内容真实，线索清晰，可与中国相关地方档案馆所藏档案及日本、美国所藏相关档案相互印证，开展史料互证研究，从而进一步明晰伯力审判的历史进程、剖析日军筹划及实施细菌战的反人类罪行。第一，档案进一步明确了关东军第七三一部队和第一〇〇部队的组织架构、人员构成和主要任务；第二，档案进一步揭露了关东军第七三一部队和第一〇〇部队利用中国人、朝鲜人和苏联人等进行活体实验，犯下严重的反人类罪和战争罪罪行；第三，档案进一步证实了日军蓄谋对中国和苏联发动大规模细菌战的企图。以往，中国学界对日军细菌战部队的关注主要集中于规模更大、机构更完整、罪行也更加深重的关东军第七三一部队，对第一〇〇部队的研究则受制于档案文献少而关注度不够。俄罗斯新解密的伯力审判档案文献公布了大量有关关东军第一〇〇部队的细节，未来研究潜力巨大。

2. 俄（苏）史学界关于伯力审判的研究成果

俄罗斯（苏联）史学界关于伯力审判的研究成果十分丰富，有大量论文、专著问世。

苏联时期，史学界对伯力审判的研究始于 1950 年

《哈巴罗夫斯克审判材料》的公开出版。同年，曾参与东京审判的苏联职业法学家马克·拉金斯基、所罗门·罗森布里特共同编写了反映东京审判的专著——《日本主要战犯的国际审判》；曾担任伯力审判国家公诉人的苏联国家三级司法顾问列夫·斯米尔诺夫则编写了《细菌战——帝国主义侵略的罪恶工具：日本战犯的哈巴罗夫斯克审判》。此外，《苏联政府与法律》等期刊也刊登了多篇相关论文。当时，美苏冷战已经拉开序幕，因此这些著作除如实反映东京审判和伯力审判的相关历史事实外，还着重批判了美方包庇石井四郎等涉及细菌战的日本战犯的立场，斯米尔诺夫就指出，伯力审判揭露的事实表明，美方检察官的包庇行为“源于美国帝国主义反动派维护自身利益的动机”。

此后直至苏联解体，伯力审判在苏联史学界所受关注日渐下降，甚至一度归于沉寂。20 世纪 80 年代后至苏联解体前，其国内也有少数相关研究成果问世，但多为媒体报道和纪念性质的科普文章，总体而言学术价值不大。

进入 21 世纪，随着俄罗斯档案管理制度的暂时松动，一些研究者率先利用从档案馆流出的未解密档案继续从事伯力审判研究。例如 B.罗曼诺娃利用俄罗斯国家社会政治历史档案馆的档案，还原了诸多以前未被提及的审判细节。还有一些研究者应用跨学科的研究方法，从医学史、法律史的角度探究了伯力审判对医学伦理和国际刑事司法发展的贡献。尤其是2021年“专案”公开后，俄罗斯哈巴罗夫斯克市举办了主题为“哈巴罗夫斯克审判：历史法律意义与现代挑战”的国际论坛，来自多个国家的约1200名专家学者与会，掀起了对伯力审判研究的新高潮。同年，俄罗斯联邦安全局中央档案馆牵头出版了关于伯力审判的新资料集《哈巴罗夫斯克审判：文献证据汇编》。

纵观俄（苏）史学界的研究成果，开始时间早，涉及学科多样，且具有档案文献优势，能够第一时间接触到新解密的档案文献并予以运用。缺点也较为突出，如受政治影响大、从单一角度切入研究，时常忽略伯力审判与其他历史事件的联系，诸如关东军第七三一部队、伯力审判与中国人民抗日战争之间的联系等。

近年来，中国史学界鲜有研究伯力审判来龙去脉的专门研究成果问世，已有的研究成果大多限于利用已出版的伯力审判档案资料集和新近解密的俄藏伯力审判档案史料，讨论抗日战争期间侵华日军细菌战，以及第七三一部队、第一〇〇部队等开展活体实验等问题。如赵士见著《检疫转向细菌战：二战时期关东军应对马疫的历程》、乔卫星著《侵华日军细菌战第

100部队组织结构再考——基于俄罗斯国家军事档案馆藏苏联伯力审判档案》、赵士见和宫文婧著《俄罗斯新解密伯力审判档案探析》，等等。①

（二）伯力审判对日本战俘罪行的证据挖掘

关东军第七三一部队和第一〇〇部队，是20世纪30年代初由日本天皇裕仁下令组建，以防治关东军士兵和军马传染病之名义，秘密从事细菌武器研发、生产和细菌战理论研究的特殊部队。这两支部队自组建起在中国东北地区使用中国人、朝鲜人和苏联人进行了多次活体实验，并在侵华战争期间对中国军队发动细菌战，造成了大量军民伤亡。与第七三一部队稍有不同的是，第一〇〇部队侧重于在苏军后方的牲畜、农作物中传播病菌，以破坏苏军的后勤补给系统。为此，第一〇〇部队开展了大量的动植物实验，也包括一部分人体实验。在伯力审判中，1946—1948年苏联内务部对关东军司令官山田乙三、关东军生产部部长

① 赵士见：《检疫转向细菌战：二战时期关东军应对马疫的历程》，《自然科学史研究》2024年第2期；乔卫星：《侵华日军细菌战第100部队组织结构再考——基于俄罗斯国家军事档案馆藏苏联伯力审判档案》，《军事历史研究》2023年第5期；赵士见、宫文婧：《俄罗斯新解密伯力审判档案探析》，《中国档案》2024年第8期。

川岛清以及第七三一部队和第一〇〇部队战俘等12名战犯进行了审讯，获取了大量关于两支部队组建历史、人员构成、部门设置、主要任务等重要事实的资料。

1. 充分揭露日军进行活体实验的事实

在审讯记录中，可见第七三一部队开展活体实验的具体细节。活体实验主要由第二部（实验部）和第四部（生产部）进行，第二部负责繁殖携带病菌的跳蚤和老鼠，而第四部负责培养和生产致病细菌，拥有数百个用于培养病菌的大型培养皿（部队内部称之为“石井系统”）和数座用于制备培养液的大型锅炉，每月可生产约160千克鼠疫杆菌，或320千克霍乱弧菌，或320—540千克炭疽杆菌，或210—270千克副伤寒杆菌。

据川岛清供述，为测试这些病菌是否具有发动大规模细菌战所需的传染性和致病性，关东军第七三一部队每年都会征用500—600人进行活体实验。据第七三一部队生产部科长柄泽十三夫和川岛清的供述，活体实验大致分为两种。一种是在活人身上直接接种致病菌，或给活人服用带有细菌的食物和水，并在密闭房间中观察其表现出的各类症状。如果实验体侥幸存活，则由诊疗部的医师将其治愈，并继续在其身上接种其他细菌，直至该实验体病死；待实验体死亡后，则将其解剖，检验人体内部的各类病理性变化。这种实验主要用于验证病菌的致病性。另一种则在野外进行，即将数十或上百人驱赶至实验场，由士兵将其捆绑在场内竖立的铁柱上，由飞机在低空投放装有带菌跳蚤的“石井式”陶制细菌弹，或播洒含有细菌的培养液。该实验主要验证可用的细菌战方式。战犯唐泽富雄认为，投放“石井式”细菌弹的方式最为有效。从第七三一部队用于进行活体实验的对象来看，既有伪满洲国境内的中国和朝鲜平民，也有关东军在军事行动中俘获的中朝游击队战士，还包括苏联情报部门的特工等。这也从侧面表明，第七三一部队意图对中国和苏联发动细菌战。

2. 充分揭露日军在中国发动了大规模细菌战

1938 年 10 月武汉会战后，侵华日军由前期的战略进攻转为与中国军队的战略相持。加之日苏关系日益紧张，日本军方和政府高层认为有必要尽快开发一种高效的战争方式，用尽量少的资源消耗给予敌军最大化的杀伤。石井四郎主导的细菌战研究受到了日本军方的重视。据川岛清供述，他曾不止一次听到石井四郎强调：“对于战争资源匮乏的日本而言，当面临的军事形势变得复杂时，细菌武器和细菌战应当能发挥非常大的作用。”

为实地验证细菌战的可行性和细菌武器的杀伤力，1940—1942年，经时任关东军司令官梅津美治郎的批准，第七三一部队陆续向中国中部地区派出了数支“特别考察队”，并指示在中国内地设立的分支部队（包括南京“荣”字一六四四部队和广州“波”字八六〇四部队）予以配合。至于本次细菌战的效果，川岛清供述称，他没有就这一问题同石井四郎进行过详细讨论，但从与接近石井四郎的人员进行交谈可以推断，石井对此次细菌战取得的战果应当“十分满意”。

此外，川岛清还交代第七三一部队于1940年和1941年在中国境内发动了两次细菌战，即宁波细菌战和常德细菌战。关于宁波细菌战，川岛清回忆说，在1941年的某天，他和其他两名将领向石井汇报工作时，后者向他们展示了一篇发表在中国某医学杂志上的文章，该文提到了1940年宁波地区暴发的鼠疫疫情，指出这次鼠疫疫情具有极其不同寻常的特征，因为在防疫工作中并没有发现患病的鼠类个体。石井认为，这篇文章很好地佐证了他所领导的“特别考察队”在1940年进行的一项实验的有效性，该实验主要是利用飞机将携带鼠疫杆菌的跳蚤播撒至宁波地区的中国军队驻地。至于常德细菌战，川岛清表示是从与参与行动的第二部部长太田澄的交谈中得知的。川岛清的供述均得到了中方档案文献的证实。① 第七三一部队在华中和华东地区发动的细菌战，不仅对中国军队造成了伤亡，还给当地民众带来了巨大的灾难。据常德细菌战的幸存者回忆，其间常德城内暴发了大规模的鼠疫疫情，许多人染疫病亡，甚至有家庭惨遭灭门；常德地方政府和军警虽然组织防疫力量进行疫情溯源、环境消杀和病患收治工作，但资源、人手均不足，没能有效遏制鼠疫蔓延。

3. 揭露第一〇〇部队在中苏、中蒙边境发动了细菌战

在第七三一部队针对中国内地发动细菌战的同时，第一〇〇部队也在中苏和中蒙边境进行了多次细菌战活动。高桥隆笃供述称，1939 年“诺门罕事件”期间，第一〇〇部队曾在苏军阵地散布炭疽菌；1942 年夏季，第一〇〇部队在伪满“兴安北省”靠近中苏边境的三河地区进行了长达一个月的所谓“夏季演习”，其目的就是测试实验室条件下无法开展的大规模实验以及细菌武器的实战能力。据三友一男回忆，第一〇〇部队之所以选择三河地区进行实验，是因为这里不仅距离国境线极近，具有地形优势，而且该地区居住

① 参见中央档案馆、中国第二历史档案馆、吉林省社会科学院合编《细菌战与毒气战》，中华书局 1989 年版。

着大量俄国侨民，城镇建筑和居民生活方式完全俄罗斯化，符合第一〇〇部队针对苏联的战略目标。

1942 年 7 月 15 日至 8 月 15 日，第一〇〇部队第一部和第二部下属 20 余名成员从长春本部出发，乘坐火车秘密前往三河地区，侦察地形，并提前移植行动所需的病菌。待司令部下达许可后，这些成员被分为三个班组行动。三友一男所在的第一班负责向流经三河地区的得耳布尔河播撒鼻疽菌，同时向水体中释放氯气，以在考察细菌传染力的同时研究氯的杀菌效果；第二班负责在沼泽地区播撒鼻疽菌，以研究细菌在沼泽环境中的生存和感染能力；第三班则在平地上播撒炭疽菌，以研究炭疽菌对土壤的渗透能力和对牲畜的毒力。由于缺乏相关资料，第一〇〇部队在三河地区开展细菌战活动的成效无法得到确定，不过据全程参与行动的三友一男回忆，本次细菌战的效果应当不明显，因为他并没有在河流下游一公里处检测到细菌，饮用过污染水的马匹也没有出现发病的迹象。但是，总体而言，第一〇〇部队通过此次演习，掌握了投放鼻疽菌和炭疽菌的正确方法，并通过实验验证了细菌战理论的有效性。

1944 年冬季，第一〇〇部队还在“兴安北省”进行了一次“冬季演习”。在此次演习中，第一〇〇部队使用了种类更加丰富的细菌武器，不仅包括鼻疽菌和炭疽菌，还有能引起小麦和玉米赤霉病的真菌，以及牛瘟和羊痘病菌。本次演习旨在测试上述病菌对苏联境内牲畜和农作物的毒害能力，特别是冬季严寒天气下的作战效能。

此外，第一〇〇部队还使用囚犯进行活体实验。1945年6月，即日军战败前夕，第一〇〇部队曾到秦皇岛开展野外实验。在这次实验中，日军飞机向囚犯所在的实验场低空投放毒气弹和细菌弹，炸弹爆炸后产生的毒气和细菌毒雾令囚犯迅速中毒，“呼吸困难、呕吐、口流白沫，最后吐血而亡”。

（三）第二次世界大战后美苏关于日本生物战的情报博弈

第二次世界大战结束后，美苏围绕日本生物战情报的交涉成为冷战格局下大国博弈的典型事件。这一过程不仅涉及对侵华日军第七三一部队罪行的揭露与掩盖，更折射出战后国际秩序重构中意识形态、国家利益与法律正义之间的复杂张力。

1. 美苏交涉的历史背景与战略动因

第一，生物战技术的军事价值与冷战需求。作为第二次世界大战期间新兴的军事手段，生物战因其隐蔽性与大规模杀伤性迅速成为各国争夺的战略资源。美国自1942年成立战争研究部起，便将生物战研发纳入国家军事计划，更于1943年在马里兰州建立了著名的德特里克堡生物武器实验基地。德特里克堡基地的建立，标志着美国系统化生物战研究的开端。苏联亦对生物战和细菌武器研究极为感兴趣，试图在冷战背景下占据技术制高点。因此，日本关东军第七三一部队在侵华战争期间积累的实验数据与技术成果，成为美苏竞相获取的核心情报。

第二，战败国责任与盟国利益的冲突。纽伦堡审判与东京审判虽同为反法西斯战争胜利后的国际司法实践，但美国对德日两国的处置策略截然不同。德国纳粹医生的人体实验被公开审判并形成《纽伦堡法典》，确立了医学伦理的国际标准；而日本生物战罪行则被美国以"国家安全"为由系统性掩盖。这种差异源于美国对欧洲与亚洲地缘政治的不同考量：德国作为战败国需彻底清算以防止军国主义复活，而日本则被选为遏制共产主义的亚洲盟友和"桥头堡"。因此，日军第七三一部队战犯得以在美国的庇护下侥幸存活，并向后者交代了大量有关细菌武器研发、生产和实战的情报。

第三，苏联的外交策略与情报获取诉求。苏联对日宣战并攻入中国东北后，将50余万名日军战俘和大量文件档案运回苏联。在被俘人员中，苏军和苏联内务部人员通过部队名册比对和识别，发现了战俘队伍中包含第七三一部队成员，如川岛清、柄泽十三夫等人。1946 年 9 月 12—19 日，苏方调查员库多里亚切夫上校、尼基辛上尉在哈巴罗夫斯克战俘营对川岛清和柄泽十三夫进行了讯问，初步掌握了生物战情报。其中，川岛清向苏方供述了第七三一部队的组织机构、核心人员、业务职能和活动范围，涉及生物研究、生物战、生物武器、疫苗研究和血清制造等重要内容；柄泽十三夫则供述了第七三一部队在沈阳盟军战俘营利用美国战俘进行人体实验，以及在浙江宁波、衢县和玉山等地实施细菌战实验等关键信息。

苏方调查员将获取到的情报迅速汇报至中央。苏联政府和军方意识到，日本生物战数据对提升自身军事能力具有极其重要的战略价值，同时可借此在国际舆论中揭露美国的“双重标准”。加之苏联在东京审判中面临美国的全面压制，其提出的引渡石井四郎等战犯的请求被美军情报部门以“技术交换”为条件驳回，最终迫使苏联转向独立审判以实现外交突破。

2. 苏美围绕第七三一部队与生物战的博弈过程

（1）苏联的“联合讯问”与美国的“技术封锁”

在初步掌握第七三一部队的生物研究和细菌战情

报后，1947 年 1 月 7 日，远东国际军事法庭苏联助理检察官瓦西里耶夫少将通过国际检察局调查部向盟军总司令部第二参谋部副参谋长威洛比少将发出请求函，提出讯问石井四郎、菊池齐、大田澄等人的请求，并要求提供村上隆和中留金藏的住址，且明确说明国际检察局苏联处已经掌握了第七三一部队细菌战的有关材料，试图通过补充证词揭露日本生物战罪行。

面对苏联的请求，美国一方面希望其主导的东京审判得到来自苏联的支持，另一方面也希望独占日军细菌战研究的情报。1947 年 2 月 7 日，驻日盟军最高统帅麦克阿瑟向华盛顿陆军参谋长发去了请示电文，说明了苏联请求联合讯问的原因，并表明远东军希望获取更多细菌战情报，同时提出可通过“监督苏联人的讯问”以确保秘密不被泄露。2 月 26 日，美国国务院、陆军部、海军部协调委员会远东分委员会完成了一份题为《关于许可苏联检察官讯问某些日本人的请求》的报告，提出美军应先行对菊池和大田进行讯问，要求二人不得将重要情报透露给苏联，不得对苏联提及美方的先行讯问。3 月 27 日，美国远东军司令部以“监督苏联讯问”为名，派遣生物战专家诺伯特·H. 费尔介入，要求日本战犯不得向苏联透露美军此前获取的情报。在 5 月 12—16 日的联合讯问中，村上隆、大田澄等第七三一部队成员在美军授意下全面否认生物战罪行。当苏联检察官斯米尔诺夫问及第七三一部队在华中地区和浙赣战役中进行细菌战的数据情报，以及第七三一部队细菌生产、跳蚤培养、安达野外实验场等内容时，村上隆要么顾左右而言他，要么完全不予承认，大田澄则谎称第七三一部队从事人体实验的“四方楼”为物资仓库。还有石井四郎的回答，经常偏离主题，混淆是非，例如将细菌战研究称为“防疫工作”、故意夸大第七三一部队的人数等。斯米尔诺夫虽掌握川岛清、柄泽十三夫的证词，却因缺乏技术细节而无法突破。这一交涉暴露了美苏在情报能力上的差距，即美国通过系统化调查已掌握完整数据，而苏联仅凭战俘口供难以形成有效指控。

（2）“书面豁免”谈判与冷战利益的优先级

1947 年 6 月，美国陆军部与远东军司令部围绕“是否起诉石井四郎”展开激烈讨论。协调委员会远东分委员会综合评估后认为，日本生物战数据对美国生物战研究“具有极高价值”，且“苏联仅掌握部分技术情报”。为此，美国拒绝书面豁免石井四郎，但默许其以“非官方合作”形式提供数据。这一策略在 1948 年参谋长联席会议的最终决议中得到确认：“生物战情报需秘密留存，不得用于战争罪指控。”这种“非正式豁免”使美国既规避了国际法的约束，又确保了相关技术垄断。

（3）苏联的“道德反击”与伯力审判的启动

从1945年到1948年，经过东京与华盛顿之间的一系列往来函电讨论，美国最终达成了预期目标：一方面排斥苏联、单独占有了日本生物战情报；另一方面避免了生物战情报的对外公开。苏联虽然讯问了石井四郎、大田澄和村上隆，但在美军的“事先授意”和现场监督之下，石井四郎等人极不配合，使苏联没能得到有价值的相关情报。苏联也曾尝试引渡和起诉石井等人，同时倒逼美国公开生物战证据，但美国远东军司令部威洛比、马奎尔等早已窥知苏联人“底牌”，致使苏联在与美国的交涉中完全处于下风。这让苏联一直耿耿于怀，一年后发起了伯力审判。1949年12月25—30日，苏联在远东城市哈巴罗夫斯克发起对12名第七三一部队战俘的军事审判，这是人类历史上首次对细菌战战犯进行的公开审判，揭示了第二次世界大战期间日本准备和实施细菌战的动机、过程和结果，被告战俘获刑2—25年有期徒刑不等。伯力审判是对东京审判的回应。伯力审判后，苏联通过多语种出版《前日本陆军军人因准备和使用细菌武器被控案审判材料》，将日本生物战罪行公之于众。然而，苏联的单边审判亦暴露其局限性：缺乏国际参与、量刑宽大（最高刑期25年）及证据链不完整，使其难以获得西方世界的广泛认可。

（四）伯力审判在苏美关系中的历史意义

伯力审判作为人类历史上首次针对生物战的国际司法实践，具有里程碑意义。川岛清、柄泽十三夫等战犯的供述，填补了东京审判的空白，证明第七三一部队在1931—1945年对中国20个省份发动了36次大规模生物战，使用鼠疫、霍乱、伤寒等病菌杀害平民与士兵。苏联通过伯力审判揭露了日本生物战的“系统性”特征，即从实验室研发到战场应用的完整链条。

伯力审判后，美日同盟进一步巩固，日本生物战罪行被长期掩盖。中国方面，此前国民党蒋介石集团因内战对日本生物战罪行未及追究，新中国成立后亦受制于国际局势而搁置索赔。苏联虽通过审判获得道德话语权，但未能改变美日同盟的区域格局。

进一步而言，第二次世界大战后苏美围绕生物战情报的交涉，深刻反映了冷战初期国际秩序重构的复杂性。美国通过“技术交易”换取日本战犯豁免，既服务于生物战研发，又巩固了亚洲反共防线；苏联则通过伯力审判寻求道德制高点，却难以撼动美国主导的战后体系。

（五）小结

通过挖掘新解密档案等途径重新研究伯力审判，不仅有助于填补过去历史研究的空白、拓展国际关系史和冷战史研究的新领域，而且有利于中俄两国之间展开人文历史领域的新一轮交流互鉴。2025 年 5 月 8 日，中俄两国元首签署的《中华人民共和国和俄罗斯联邦在纪念中国人民抗日战争、苏联伟大卫国战争胜利和联合国成立 80 周年之际关于进一步深化中俄新时代全面战略协作伙伴关系的联合声明》，明确支持两国档案部门开展合作，打击一切试图篡改历史、抹除两国人民抗击日本军国主义和德国法西斯主义功绩的图谋。这为中俄两国联合挖掘关于日军细菌战和伯力审判的新史料工作赋予了更加现实的意义。

六　战后日本和平主义的嬗变：理念、制度及实践*

战后日本和平主义主要源于《日本国宪法》的前言表述和法律定位，在其后的发展历程中逐步呈现出思想理念分化、制度架构重置、实践取向衰退的演进趋势。就认知主体而言，由于日本保守派政治家、知识分子和普通国民对《日本国宪法》第九条存在认知差异甚至根本对立，导致不同阶层对和平主义的理念认同及行动取向存在显著不同。战后日本的和平主义理念与日美安全保障体制之间的复杂关系，一直是日本各界关注争论的焦点，核心问题在于如何确定日本的国家安全边界，以及如何有效地在全球化时代作出日本应有的国际贡献。尤其是冷战结束后，随着国际环境和国内局势发生重大变化，日本各界对于和平主义的认知方式逐步从“理想主义”向“现实主义”过

* 本章作者为东南大学外国语学院田庆立教授。

渡，和平主义思潮及相关活动趋于沉寂；而以安倍晋三为首的决策层则打着“积极和平主义”的幌子，大力推进具有鲜明“军事大国化倾向”的修改宪法解释议程，进而从制度层面实质性瓦解《日本国宪法》的和平主义根基。

（一）战后日本和平主义演进的历史脉络

1. 萌生与确立期（1945—1960 年）

战后初期，日本普通国民深受战争创伤影响，对战争充满厌恶，社会上广泛兴起和平反战思潮，众多和平团体纷纷涌现，积极倡导和平主义理念，推动日本走和平发展道路并在国际事务中秉承非武装化的和平立场。20 世纪 50—60 年代，日本和平主义主要体现在将和平理念付诸行动实践的一系列和平运动中。美军结束对日占领后，驻日美军基地问题、美军犯罪问题逐渐显现，引发一系列反战和平运动，1959 年爆发的“安保斗争”推动反战和平社会运动达到高潮。这一时期，日本社会各种问题相互裹挟交织，加剧了国内矛盾冲突，同时也确立了日本和平运动的基本样貌。当然，此时的反战和平主义运动也存在诸多明显不足，诸如流于空洞的口号，仅仅作为协调日本国内矛盾的宽泛概念，现实层面也缺乏实际变革社会的动力和行动。

2. 巩固与发展期（1960—1992年）

20世纪60年代，日本经济快速发展，普通国民的关注点逐渐从经济发展转向精神复苏，开始寻求新的民族身份和国家认同。1963年8月15日，《朝日新闻》社论将广岛核爆炸作为全体日本人的共同经历，把“唯一遭受核爆炸的国家”与“日本国民的使命”联结在一起。经媒体大力宣传，“唯一遭受核爆炸的国家”成为日本对自身的定位和在国际舞台上的新形象，“受害者意识”逐渐成为日本社会的共识，反战和平运动与“唯一遭受核爆炸的国家”的“和平使命”联系在一起。随着经济高速增长，日本国力逐渐恢复，在此过程中，保守思潮虽然有所涌动，但和平主义依然是社会主流思潮之一。日本通过推行“吉田路线”，依托日美安全保障体制的庇护，专注于经济建设，继续维持“和平宪法”框架下的非军事发展模式。

3. 蜕变与分化期（1992—2012年）

20世纪90年代后，随着冷战的结束，日本社会对和平主义的认知出现明显的意见分歧，越来越多的人认为，将和平主义视为日本国家认同的做法在急剧变化的国际形势下已然行不通了，日本和平主义的内涵逐渐分化为“以宪法第九条为中心的战后和平主义”和“发挥积极国际作用的和平主义”两种论调。这种认知分歧打破了日本社会长期形成的和平主义传统共识，“和平宪法”中所蕴含的和平主义理念被认为是“缺乏现实性的乌托邦”等消极观点涌现出来。21世纪初，面临国际安全格局的深刻变革和国内政治生态的结构性调整，日本加速突破传统的“一国和平主义”束缚，逐步向现实主义方向转变。尤其是小泉纯一郎任内连续六次参拜靖国神社，凸显日本政治右倾化急剧加速的态势。这一时期，日本政府通过强化日美军事同盟等举动，在一定程度上对日本的和平主义理念造成冲击。

4. 调整与衰落期（2012年至今）

日本学界认为，自2012年12月以来，安倍晋三的长期执政对战后日本和平主义与民主主义体制构成了严重挑战，也正是在此背景下，日本的“和平政策”呈现大幅度倒退，和平主义面临前所未有的巨大挑战。在以安倍为首的保守派政治家主导下，日本开始对战后长期秉持的“专守防卫”路线进行实质性突破，并通过制定和修改安全保障相关法案的方式，为日本加强军事力量建设开启“绿灯”。在此过程中，虽然仍有部分力量坚守和平主张，但已难以阻挡“和平宪法”第九条呈现“空文化”、和平主义理念整体持续弱化的趋势。日本和平主义曾经在国家认同建构中发挥主导作用，但作为日本国家叙事的重要组成部分之一，与持续强化的民族主义思潮形成了明显的反差。一种日本新民族主义叙事正在兴起，这一叙事通过有意识地向日本民众灌输传统的保守价值观和对外竞争理念，旨在达成动员民族主义资源以凝聚国家认同的战略目的。

总体来看，战后日本和平主义从最初的生根发芽到蓬勃发展，再到后来不断受到国内政治保守势力和外部因素影响等多方面冲击，呈现出日渐衰退、日益变形乃至转型调整的演进轨迹。

（二）作为思想理念的和平主义

战后日本和平主义思想理念的形成与发展，主要基于“和平宪法”的制度规范、日本各阶层对战争的反省以及谋求和平互动叠加的综合产物，为战后80年来日本维持和平稳定的繁荣局面奠定了坚实基础。这一理念在战后日本政界、知识界及普通民众中经过了一个逐步接纳、广泛吸收和深化思索的发展历程。

1. 战后日本“和平国家”认同的逐步确立

日本历史学家和田春树率先尝试唤起普通国民对

于作为战后日本原点的“和平国家”的认知。和田指出，“‘和平国家’的口号是1945年9月4日，天皇在日本战败后召开的首届帝国议会开幕期间发布的敕语中提出的。那些因美军飞机空袭而房屋被焚、家园被毁、亲人丧生，从而怀有反战和反军队意识的国民，对天皇提出的‘和平国家’目标表示积极支持”。“昭和天皇的敕语是向国民提出从‘战争国家’转变为‘和平国家’的倡议。人们对此予以广泛接受，并成为欢迎宪法第九条的和平主义土壤。”《日本国宪法》确立的和平主义理念进一步塑造了战后日本国民对“和平国家”的认同。实际上，作为构建“和平国家”认同的核心内容，《日本国宪法》第九条关于放弃战争的规定，是由GHQ与日本政府合作创造的政治成果。

2. 日本政界围绕“全面媾和”与“片面媾和”的论争

吉田茂首相在美国国务卿杜勒斯劝导下主张实施“片面媾和”，并以朝鲜战争爆发为由，在日本国内煽动共产主义“威胁”。吉田首相在第八届国会发表施政演说，主张“片面媾和”的正当性。吉田通过大肆渲染所谓的共产主义“威胁”，力图说服日本国民支持其“片面媾和”的主张。时任社会党议员帆足计则在参议院提出，日本“必须坚持永久中立的立场”，并要求吉田首相采纳这一立场。对此，吉田表示：“是否采取永久中立的立场是一个需要深思熟虑的问题。与其考虑中立立场，倒不如思考如何避免日本被卷入战争，日本应展示决心，为世界和平作出贡献，这才是当前日本应采取的态度。”吉田的答辩模糊不清，从某种角度来看似乎也遵循了宪法中的和平主义立场。针对吉田茂政府提出的“片面媾和”构想，时任社会党委员长铃木茂三郎则主张“全面媾和”，以铃木为首的社会党提出的“自主与自立、独立与和平”的口号，在某种程度上也蕴含着对美国在亚洲的战略布局及其对日改造政策进行坚决抵抗的民族主义情绪。

3. 和平主义理念与安全保障体制的冲突

战后日本的和平主义思想理念与日美安全保障体制存在显著矛盾，主要体现在：宪法前言及第九条确立了彻底的“非武装和平主义”原则，而在现实中，日本却拥有排名世界前列的军事力量——自卫队，而且日本还依托驻日美军基地及美国核保护伞维护国家安全，从而导致和平主义理念与现实安全保障之间存在着难以克服的悖论。战后 80 年来，日本政府始终回避正视这一矛盾，反而通过与美国背地里缔结“密约”的方式，向普通国民隐瞒外交和防卫政策上的重要决定。《日本国宪法》中蕴含的非武装和平主义理念无疑具有世界性的历史进步意义，但随着国际秩序格局的转型演变，其实质内涵呈现日趋弱化的发展趋势。关键问题在于，日本自卫队的实际军事能力不断攀升，这与日本试图向世界宣传的非武装和平主义理念形成背道而驰的矛盾状态。日本若想切实解决这一难题，实现自卫队在宪法层面的合法化，除修改宪法第九条之外别无他法。这也正是自民党保守派主张谋求“修宪”的主要原因之一。

4. 和平主义理念遭遇现实主义权力政治的挑战

日本主张修改宪法的右翼保守势力普遍存在一个共识，即认为宪法前言及第九条确立的非武装和平主义原则在 21 世纪初的世界“现实政治”中，不过是“画饼”“幻想”和“乌托邦”而已。在日本右翼保守势力看来，战后日本的繁荣并非建立在空洞的和平主义理念之上，而是依托日美安全保障体制的庇护。这种根深蒂固的成见正是右翼保守势力视“和平宪法”为“眼中钉”“肉中刺”的根源所在。在右翼保守势力看来，战后日本一直对和平主义给予高度评价，而冷战后的现实情况却是“国家间依然存在对立，战争屡屡发生，与此前的世界别无二致”。类似的观点体现出右翼势力和政界人士刻意利用民众对和平的热烈追求，将国际社会的对立和危机无限放大，引导民众步入盲目支持日本政府推进“军事大国化”政策的危险通道。在此背景下，日本政界人士和有识之士开始从现实角度思考如何守卫本国及国民安全，日益基于权力政治的现实主义逻辑规划日本的未来国家形态。

（三）作为制度的和平主义

战后80年来，和平主义理念一直是主导战后日本走“和平国家”发展道路的关键所在。《日本国宪法》作为具有特殊约束力的根本法，其和平主义条款成功塑造了日本的“和平国家”形象，也为战后日本成为经济大国提供了制度保障。

1. 日本各界人士对宪法第九条的解读及认知

“和平宪法”的存在为战后日本奠定了和平的政治文化基础，有力地推进了日本的民主化进程，确保了和平运动的开展与人权保障等事业的稳步推进。当然，在这一过程中也存在一些不足之处，但宪法作为制度基础，为各项事务提供了有力支持，其发挥的重要作用毋庸置疑。正是由于《日本国宪法》的制度约束，战后日本自卫队是否违反宪法的论争一直存在。1972年，内阁法制局发表政府统一见解——“保有自卫所需的必要最小限度的军事力量并不违宪”，以此消除社会各界对自卫队开展活动的质疑。日本宪法学界的主流观点坚持主张对宪法第九条进行规范的法律解释，坚定地支持“放弃战争”“不保持战争力量”“放弃交战权”，这种观点一直延续至今。日本政府在宪法框架下认定“保有自卫所需的必要最小限度的军事力量并不违宪”，同时在遭受武力攻击时遵循“专守防卫”的立场。事实上，日本政府对有关自卫权的解释经常发生变化，如认为保持个别自卫权并不违反宪法，但坚持主张行使集体自卫权与宪法原则相违背。直至2014年第二次安倍内阁时期，这一基本原则发生了重大颠覆性改变。

2. 主张修改宪法的内外驱动力及日美安全保障体制的转型升级

自1990年8月海湾战争以后，日本各界对日本发挥国际作用的方式以及围绕宪法第九条的限制迅速展开讨论。日本和平主义面临重大转折点，尤其是以执政党为中心的群体主张通过修改宪法使日本能够向海外派遣自卫队。实际上，所谓的“修改宪法”仅仅是变更宪法解释，而不是按照宪法第九十六条进行明文修改。在日本政治家的大国意识当中，始终怀有一种自身具备强大的经济实力，却未能成为政治大国和军事大国的遗憾，因此存在某种程度上失衡的战略焦虑，“试图通过构建与经济实力相匹配的军事力量，实现‘正常国家化’目标”。在主张修改宪法的右翼保守势力看来，“战后的和平局面并非依靠宪法第九条才能够实现。恰恰相反，正是在秉持宪法第九条的崇高理想与精神的基础上，依靠自卫队以及日美安全保障体制才得以守护”。安倍第二次执政期间，通过解禁集体自卫权和制定安全保障相关法案，日本积极回应美国的美日同盟军事一体化战略诉求，企图通过安全保障转型升级进一步壮大自身的军事实力。实际上，近期自卫队与驻日美军司令部对高层级指挥系统进行高度整合的举措，恐将挤压日本的战略自主空间，导致日本在国家安全领域形成对美深度依赖。

3. “积极和平主义”的实质内涵及其对和平主义的严重侵蚀

2013 年 10 月，安倍晋三首相在施政演说中首次提出“积极和平主义”，试图利用战后已有的相关提法谋求在军事层面有所突破，具体体现在对外行动当中奉行“对美追随”路线，力争达成实现先发制人的“武装安全保障”的目标。这一理念从手段到目的来看，都是对和平主义的否定。安倍首相敦促日本国民在修订“和平宪法”第九条与日美安全保障需求之间进行选择。尽管安倍在其长期执政期间为推动修改宪法进行了一系列不懈努力，然而“明文修宪”的理想并未实现。日本学者星野昭吉针对“积极和平主义”进行了犀利批判：“安倍政府主张的所谓‘积极和平主义’，事实上是打造‘积极的战争主义国家’。‘积极和平主义’的想法和用词不仅仅是对和平概念的暧昧化，甚至是恶意的歪曲和误用。‘积极和平主义’是与和平概念的本质完全相反的战争概念的代名词。”安倍政府认可行使集体自卫权的“解释修宪”，意味着其已经放弃了宪法第九条的“和平主义”。

4. 修改宪法解释实质上是瓦解“和平宪法”的根基

安倍晋三第二次上台执政以后，通过解除禁止武器出口和认可行使集体自卫权等手段，使战后日本的“和平国家”认同机制发生了急剧且重大的变化。日本政府发布的有关“积极和平主义”的官方解释比较含蓄委婉，但在付诸实际行动之后则凸显出既不“积极”也不“和平”的真实面目。为推行所谓“积极和平主义”，日本政府采取的主要举措包括：创设日本版国家安全保障会议（NSC）；强化日美同盟体制，加速推进自卫队与美军一体化进程；制定和实施《特定秘密保护法》；出台“防卫装备转移三原则”以取代“武器出口三原则”；滥用阁议决定，轻视立宪主义程序，制定突破集体自卫权行使限制的相关法案；在大学及研究机构中鼓励开展军事研究。“安倍政府推动‘安全保障相关法案’成立，意味着以非战为实质内容的战后和平国家开始走向终结。但安倍首相将允许行使集体自卫权解释为‘和平国家的延续’。”实际上，“安倍首相与其外祖父岸信介首相都持有追随美国和回归战前的两大志向，主张强化军事遏制力，试图成倍地增加防卫费的预算规模，进而将日本打造成军事大国”。

从制度层面而言，宪法第九条是确保战后日本坚持走“和平国家”发展道路的根本保障。整部《日本国宪法》的法律文本及其蕴含的和平主义理念，主导着战后日本的国家发展方向，有效地制约着可能偏离和平主义的一系列政治举动。

（四）作为实践的和平主义

战后日本和平主义不仅仅体现为进步的思想理念和规范的制度约束，而且还在积极引导广大国民投身工人运动、反战反核运动及“护宪运动”等实践潮流中发挥着重要作用。日本“和平宪法”蕴含的和平主义理念，在进步知识分子的理论阐释、推广宣介及实践引领下，切实有效地推动了国民层面的反基地斗争、守护宪法运动等。普通国民跨越阶层的联合实践，“自下而上”地构筑了日本“和平主义”的民众基础，成为确保战后80年“和平国家”认同得以持续的内生动力。

1.“和平问题谈话会”的和平理念及其引领作用

在战后日本的和平主义运动史上，创设于1948年年末的“和平问题谈话会”虽然仅存在约10年，但其开展的一系列活动值得关注。“和平问题谈话会”提出的核心目标是“日本非武装中立、联合国中心主义外交、反对美军基地和再军备以及经济自立”等，并认为日本政府所推行的“片面媾和论”实质上遵循了冷战承诺、再军备以及“臣属于美国”的路线。“和平问题谈话会”与其说是一个和平研究组织，毋宁说是以自由主义知识分子为主体宣传和拥护和平的有组织性活动。而且，“和平问题谈话会”揭示出日本的和平运动所遵循的指导方针复杂多元，不同群体、不同政治立场、不同思想背景的人士参与其中，带来各自的思考方式和行动逻辑。该谈话会强调“非武装中立”的和平宪法理念，作为应对核战争引发人类灭绝危机的最明智而现实的方针，对后续日本和平运动的深入发展产生了重大影响。

2. 偏重“受害者”视角的广岛和长崎的和平主义叙事

广岛和长崎遭受原子弹爆炸的受害经历，在日本国民意识中深深烙下了对军国主义的仇恨和对未来无战争的渴望。在广岛和长崎的城市重建过程中，通过推行具有感召力和吸引力的一系列实践，日本的和平主义取得重大突破。两座城市的管理者通过发起重建运动，分别将各自所在城市塑造为独具特色的世界和平理念引领中心，共同打造日本和平主义的“精神圣地”。作为全球仅有的遭受过原子弹轰炸的城市，广岛与长崎巧妙地运用这一历史叙事，使其成为日本和平主义运动的“圣地”。2024 年日本原子弹氢弹受害者团体协会被授予诺贝尔和平奖，这一事件引发诸多争议和广泛讨论。日本作为第二次世界大战中的侵略者，给众多国家带来巨大灾难，而该奖项只强调日本是核爆受害者，忽略了日本的战争罪行，有模糊战争责任、帮助日本战争制造者卸下战争罪包袱进而使日本摇身一变成为纯粹的战争受害者的风险。这一团体在争取自身权益的同时，选择性地忽视了日本在战争期间对其他亚洲国家人民犯下的滔天罪行，无疑是对历史的歪曲和对受害者的二次伤害。简言之，广岛和长崎的和平主义叙事具有反对核战争、维护世界和平的进步意义，但主导相关运动的理念通常偏重“受害者”视角，鲜有深度思考日本遭受核爆的根本原因，缺少日本作为第二次世界大战期间的“加害者”应该进行的战争责任反省。

3. 和平主义理念引导下的社会运动

战后日本不仅出现了由革新势力推动的和平运动，如反对美军基地和日美安保体制等一系列活动，在国民层面开展禁止原子弹氢弹运动，同时还有以“给越南和平！市民联合”（简称“越平联”）为代表的反越战运动，这类运动以无党派的市民立场针对特定课题展开行动，还有以“和平问题谈话会”为代表的学者及文化界人士开展的启蒙活动。至于1960年“安保斗争”的主要目标，一方面聚焦和平问题，反对修改《日美安全保障条约》；另一方面捍卫议会制民主主义。两方面合流汇聚起巨大的国民能量，并发展成一场大规模的群众运动。对于这场斗争的评价，人们的意见存在分歧。诸如，以追求“和平与民主主义”为目标的战后最大规模的“安保斗争”，在表面联合、内部存在分歧的状态下走向瓦解；而作为跨党派国民运动的禁止原子弹氢弹运动，也因“安保斗争”所引发的保守与革新势力对立、革新派内部矛盾的影响而走向分裂。

4. 积极拥护日本和平主义的“护宪运动”

“护宪运动”兴起的重要背景是，保守政党的合并导致修宪势力在国会两院中占据接近三分之二的议席；同时，日本国民基于战争经历形成的反战意识有力地推动了“护宪运动”的蓬勃发展。但是，随着时间的推移，这一类型的战争体验由于代际更替等因素的影响逐步呈现趋于消退的态势。战后日本民众的反战意识对日本政府制定和推行军事政策产生了有效制约。特别是在朝鲜战争和越南战争期间，日本民众的反战运动进一步强化了对宪法第九条的支持。这种反战情绪不仅表现在大规模的抗议活动中，还体现在日本民众对和平主义的普遍认同上，并构成一种“无形压力”，使得日本政府在推动“修宪”方面面临巨大阻力。尽管自民党等保守势力一直致力于推动修宪，然而由于修宪的制度限制、民众的反战意识以及和平主义思潮等影响，修改宪法第九条一直未能实现。这一局面反映出试图通过重新解释宪法、制定特别法案等逐步实现“军事大国化”的保守势力，与依托民意基础和法律约束坚守“放弃战争”原则、积极拥护和平主义的力量之间存在长期博弈。

（五）小结

战后日本和平主义兴盛与式微的演进轨迹，伴随着主导型国家叙事的重心不断发生转移，和平主义与民族主义呈现此消彼长的发展态势。和平主义的日渐式微与民族主义的强势崛起如一枚硬币的两面，正在成为21世纪重新构筑战后日本民族认同和国家认同的重要思想资源，其目标在于凝聚国内共识、整合动员民族主义能量。

第一，战后日本和平主义的嬗变体现出战后80年日本各界人士思想认知发生的重大转变。从理念层面而言，呈现出从“理想主义”向“现实主义”过渡的态势。从制度层面而言，表现为从和平主义向“军事大国化”演进的趋向。从实践层面而言，展现出从“集体主义”向“个人主义”迈进的趋势。冷战时期的反核和反基地斗争、“安保斗争”及“护宪运动”等，具有各个阶层广泛参加的“集体主义”特征。随着市民社会日趋成熟，伴随着自由主义思潮的泛滥，日本的和平运动在后冷战时代呈现零散化、分散化和碎片化的发展趋向。

第二，战后日本和平主义的斗争焦点主要围绕“和平主义”与“安全保障”二元对立模式而展开。冷战期间，日本和平主义主要表现为保守阵营与革新阵营围绕“修宪”和“护宪”路线的斗争和对立。尤其是右翼保守政治家群体主张修改宪法，而普通国民一直秉持积极守卫“和平宪法”的坚定立场。冷战结束后，随着国际局势的动荡以及日本面临的安全环境发生重大变化，以安倍晋三为代表的日本政治家在推动“明文修宪”遭遇挫折的背景下，着手制定一系列安全保障相关法案等，以“下位法”绑架“上位法”的方式实质性架空宪法第九条，从而为日本走上军事国家的道路消除障碍。

第三，战后日本和平主义思想理念成为形塑“和平国家”认同的核心思想资源。整部宪法尤其是宪法第九条的制度约束，成为确保战后日本80年始终走和平发展道路的根本指针。虽然安倍第二次上台执政后国会参众两院的议席数一度达到修宪条件，但基于宪法第九十六条的有效制约以及日本国民的有力抵制，日本右翼保守势力明文修改宪法的企图没能得逞。普通国民广泛开展的和平运动以及对宪法和平主义理念的全力维护，有效地抵制了意图修改宪法的政治势力发起的种种挑战。

第四，战后日本和平主义由盛转衰受到内外动因的影响。一方面，日本政治家追求使日本成为“政治大国”和“军事大国”梦想的战略诉求是其内在驱动力。以中曾根康弘、小泉纯一郎及安倍晋三等为代表的政治家，主张日本“摆脱战后体制”，谋求国家的独立性和自主性，积极推进自卫队在宪法层面的合法地位，谋求与美国在军事领域开展一体化合作的对等地位。另一方面，源于美国的战略需求和所谓来自中国和朝鲜等的“威胁”成为推动日本谋求“军事大国化”的重要外在因素。日本社会人口结构的变化和代际更替的演进也是造成和平主义日渐衰落的因素之一。随着具有战争经历人士的逐渐逝去，战后出生的新生代对于战争与和平的认识趋于淡漠，加之社会多元化、自由化和分散化进程加快，和平主义理念及其运动实践已经难以引起年青一代的关注和兴趣。

七　战后日本安全政策转型与“和平主义”*

经过战后80年若干历史阶段的演变，日本的安全政策转型与军事发展较大程度地偏离了和平主义路线。第二次世界大战结束至2012年安倍晋三第二次上台执政前的近70年间，日本在渐进式提高自主防卫能力的过程中，与真正的和平主义发展道路逐步拉开距离；而自2012年第二次上台，坚持错误右翼史观的安倍晋三用8年的执政时间加速推进日本军事大国化，所谓“积极和平主义”不过是掩盖日本战后安全政策转型日趋背离和平主义精神的幌子；2020年至今，加速推进安全政策转型的“安倍路线”进一步得到固化，无论是菅义伟还是岸田文雄，抑或“防卫族”出身的石破茂，其政策本质上依然是对日本激进安全战略和政策的变相固化。

---

* 本章作者为中国社会科学院日本研究所吴怀中研究员。

（一）量变：在“小步慢跑”中逐步偏离和平主义

1945—2012 年的近 70 年间，日本安全战略的转型一直处于“小步慢跑”的量变阶段，调整是微妙的，但一直朝着偏离和平主义的路线推进。战后日本的安全政策虽然在形式上长期受“和平宪法”（特别是第九条“放弃战争”“不保持战力”）和日美同盟框架的约束，但其内在演变逻辑始终指向“安全保障自主化”“国防正常化”和“军事大国化”。尽管这个过程看上去表现为“小步慢跑”“微妙调整”，但实质上是一条持续偏离战后初期确立的严格和平主义路线的轨迹。这种偏离并非一蹴而就，而是通过数十年间不断的政策调整、法理解释突破和战略重心转移实现的，最终为 2012 年安倍晋三上台后加速推进激进安全政策奠定了前期基础。

1. 偏离和平主义路线的具体表现

（1）奠基与矛盾初显：“吉田路线”下的“再武装”萌芽（1945 年—20 世纪 60 年代）

这一时期，日本实质性地重建了国家军事力量（自卫队），启动了在日美同盟保护伞下的渐进扩军进程，将“自卫权”概念从否定转向有条件承认并赋予军事内涵。“和平宪法”核心条款（第九条）在实践中被部分架空。

（2）经济大国背景下的安全“正常化”酝酿（20世纪60年代末—80年代）

这一时期，日本突破关键军费限制（不超过国民生产总值的1%），实现自卫队质量跃升；日美同盟从“保护伞”深化为具有联合作战能力的军事同盟（首次公开称“同盟”），合作范围也扩展到“远东有事”；安全政策目标开始超越本土防卫，追求“国际国家”地位。和平主义内涵（如“不做军事大国”、严格本土防卫）在实践中被不断侵蚀。

（3）冷战后的“外向化”突破（20世纪90年代）

这一时期，日本实现自卫队海外派遣（通过《协助联合国维持和平活动法案》，即“PKO法”），迈出军事力量投射的第一步；日美同盟性质发生质变，从双边防御的同盟转向干预地区事务的同盟，并预设了针对中国和朝鲜的“周边事态”；防卫政策重心明确转向中国方向，并开始构建系统性地区安全政策。其间，“专守防卫”原则①在空间（海外）和对象（介入他国冲突）上被双重突破。

① “专守防卫”原则，是第二次世界大战后日本安全政策的核心，具体指“武力行使”仅限于本土遭攻击时实施最小必要反击，禁止发展攻击性武器及先制打击能力。

（4）21世纪初的加速：“反恐”掩护下的“大国化”跃进（2001—2012年）

这一时期，日本自卫队海外行动的范围、性质和强度大幅提升，深度介入美国全球军事行动，甚至是战争支援；日美军事一体化达到新高度；安全政策核心目标明确锁定为应对中国，“动态防卫”更具进攻性；“和平宪法”对集体自卫权的禁止面临巨大压力。日本安全政策向“日美同盟+尽量重武装与自主防卫”质变的方向清晰迈进。

2. 偏离和平主义路线的内在动因

一是国家战略目标驱动，即“大国化”与“正常化”诉求。战后初期被剥夺“正常国家”资格的屈辱感，以及伴随经济崛起而生的追求政治大国、军事大国地位的国家战略目标，是日本安全政策偏离和平主义路线的根本驱动力。保守政治势力，尤其是民族主义者和军事现实主义者，始终将突破宪法束缚、实现“国防正常化”（拥有完整军队和交战权）视为核心目标。

二是美国因素，即来自同盟的诱导与压力。日美同盟是日本安全政策的基轴。美国基于其全球及亚太战略需求，不断要求日本承担更多同盟责任、提升军力、放宽武器出口、参与海外行动。美国的压力和支持是日本突破和平主义约束最直接、最重要的外部推手，如朝鲜战争催生警察预备队，反恐战争催生海外派兵突破。

三是日本对安全环境认知的变化。从冷战时期的苏联威胁，到冷战后的朝鲜核导危机、台海危机，再到21世纪中国军力快速崛起及海洋活动日趋频繁，日本官方和战略界对其安全环境的认知日益严峻。这种认知（无论是否夸大或被利用）为突破和平主义约束、扩军备战提供了“合理性”依据。

四是“法理突破”的独特路径。日本保守势力深知修宪门槛极高，故长期采取“解释修宪”策略。通过政府对宪法条款进行重新解释，不断拓展“自卫权”内涵（从本土防卫到集体自卫权讨论）、放宽武器使用标准、为海外派兵和支援美军寻找法律依据，如“PKO法”“反恐法”“周边事态法”等。这种“小步快跑”的法制改造（也可称“软件改编”）是偏离和平主义的主要操作手段。

五是国内政治生态演变。随着世代更替，战后和平主义思潮的影响力相对减弱。右翼民族主义势力上升，对历史问题的反省淡化，要求成为“正常国家”“强大日本”的呼声增强。日本政界，特别是自民党主流对安全议题的关注度和突破意愿持续提升，舆论在一定程度上也被引导。

3. 偏离和平主义路线的消极影响

战后日本安全政策转型经历了近70年的“小步慢跑”式偏离，但绝非无关紧要的“微妙调整”。它实质性地重塑了日本的安全基础、能力和战略思维，为2012年安倍晋三第二次上台后推行激进安全政策铺平了道路，埋下了多重伏笔。

一是军事实力质变。自卫队早已不是一支象征性的“警察”力量。通过数十年的“质优”化建设，尤其是在海空力量、反导系统、情报侦察、指挥控制等方面投入巨资，日本自卫队已成为一支装备精良、训练有素、高度信息化、具备较强区域干预潜力的精锐武装力量。安倍推动的扩军，如强化西南部署、发展“反击能力”是在此雄厚基础上的进一步升级，而非从零开始。

二是日美同盟转型完成。经过20世纪90年代的“再定义”和21世纪初的深化，特别是弹道导弹防御系统（BMD）合作和应对“周边事态”机制，日美同盟已从单向保护彻底转型为具备高度一体化联合作战能力、旨在干预亚太地区事务的双向军事同盟。安倍提出的“俯瞰地球仪外交”和强化同盟全球性角色，正是建立在前期同盟功能拓展和一体化深化的基础之上。同盟已成为日本追求“大国化”和突破自主行动限制的重要工具。

三是法理束缚大幅松动。通过不断的“解释修宪”和特别立法，“和平宪法”对日本军事行动的约束力已被严重削弱。自卫队海外行动常态化，“集体自卫权”这个最后的禁忌也已成为公开讨论并寻求突破的目标。安倍 2014 年通过变更宪法解释解禁集体自卫权和 2015 年通过“新安保法案”（《和平安全法制》），正是利用了前期法制改造积累的“经验”和造成的既成事实（海外派兵），从而将突破推向极致。

四是安全战略思维固化。数十年的政策演变，特别是 20 世纪 90 年代后期以来对“中国威胁”的不断渲染和应对措施的逐步升级，使日本安全战略思维日益“现实主义化”和“对抗化”。将中国视为头号安全威胁并围绕此展开全方位军事部署和外交布局，已成为日本决策层和战略界的主流共识。安倍内阁 2013 年出台的《国家安全保障战略》首次明确将中国定位为“国际社会关切事项”，并以此为核心制定政策，正是这种固化思维的官方确认和集中体现。之前的“动态防卫力量”构想已为安倍的“多次元统合防卫力”和“反击能力”埋下了伏笔。

五是国内舆论与政治基础变化。长期的渐进突破和安全环境渲染，一定程度上改变了日本国内社会生态。虽然和平主义根基仍在，但日本民众对自卫队的存在、开展海外活动甚至有限度行使武力的接受度有所提高。日本政坛中主张“强军”“正常国家”的力量开始占据主导地位，修宪或实质性架空宪法的阻力相对减小。这为安倍推行激进安全政策提供了相对有利的国内政治环境。

六是周边安全困境加剧。日本持续偏离和平主义路线，特别是将矛头明确指向中国以及朝鲜等国家，强化军事部署和同盟对抗色彩，不可避免地引发了周边国家的强烈警惕和反制。这种互不信任和对抗螺旋上升的态势，反过来又被日本用作“印证”其威胁认知和加速扩军的理由，形成恶性循环。安倍时期的政策加剧了这一困境，但根源在于此前数十年日本安全政策的转向和对历史问题的态度。

（二）加速：“积极和平主义”幌子下的“安倍国防学”

2012年上台至2020年辞职的8年间，安倍晋三推行的解禁集体自卫权、通过“新安保法案”、大幅提升军费、明确将中国定位为“首要战略对手”等激进安全政策，绝非历史的偶然或突变，而是战后数十年日本安全政策持续偏离和平主义路线的“量变”积累达到的必然质变。安倍政府所做的，只是将过去“小步慢跑”的突破加速为“大步快跑”，将长期模糊的意图明确化、政策化、法制化，使日本安全战略彻底转向以强化军力、深化同盟、积极介入地区乃至全球安全事务、明确对抗中国为特征。

2012年安倍晋三第二次上台执政，标志着战后日本安全政策进入了一个加速转型的关键时期。安倍政府高举“积极和平主义”的旗帜，宣称其目的在于使日本成为一个“正常国家”，为国际和平与安全作出更大贡献。然而，深入分析其政策内涵与实践表现不难发现，“积极和平主义”实质上成为安倍政府突破战后“和平宪法”束缚、加速推进军事大国化（或称“国防正常化”）的战略幌子，其内核与战后日本宪法所秉持的和平主义精神存在根本性偏离。以“安倍国防学”为核心的安全政策体系集中体现了战后日本安全政策的激进转型，并形成了深远的消极影响，为后安倍时代的进一步偏离埋下了伏笔。

1. “积极和平主义”的本质：对宪法和平主义精神的偏离

《日本国宪法》特别是第九条，明确规定日本“永远放弃以国权发动的战争、武力威胁或武力行使作为解决国际争端的手段”，“不保持陆海空军及其他战争力量，不承认国家的交战权”。这构成了战后日本和平主义社会与安全认同的核心支柱。安倍提出的“积极和平主义”，表面上强调“基于国际协调”，积极参与国际和平活动，但其实际政策路径严重偏离了宪法的和平主义精神。

一是解禁集体自卫权，突破“专守防卫”原则。这是安倍政府最具标志性的政策突破。2014 年 7 月，安倍内阁通过修改宪法解释部分解禁了集体自卫权，意味着日本可以在自身未受攻击的情况下，以“关系密切国家”遭受攻击、威胁日本存亡为由行使武力。这直接挑战了宪法第九条禁止行使武力的核心内涵以及“专守防卫”的长期国策。

二是废弃“武器出口三原则”，推动军工扩张与军事介入。2014 年 4 月，安倍政府以“防卫装备转移三原则”取代了实行近半个世纪的“武器出口三原则”。新原则将“原则上禁止出口武器”大幅放宽为“有条件出口”，允许日本参与国际联合研发、生产及出口武器。这违背了“和平宪法”精神中限制日本军事潜力、防止其成为战争策源地的初衷。

三是通过“新安保法案”，为海外用兵提供永久性法律基础。2015 年通过的安保相关法案①，为自卫队开展海外行动提供了永久性的法律框架。

四是谋求攻击性武器能力，背离“专守防卫”本

① 包括《国际和平支援法案》和对 10 项现有法律的修订。

质。安倍政府虽在文件中仍强调“专守防卫”和“无核三原则”是“基本国策”，但其实际行动不断突破“必要最小限度防卫”的界限。这突出表现在：第一，讨论并实质性推进“对敌基地攻击能力”建设，即面对朝鲜导弹威胁，安倍政府及自民党内部持续讨论并推动拥有打击敌方导弹发射基地等目标的“反击能力”。第二，航母化改造，即推动将“出云”级直升机护卫舰改造为可搭载 F-35B 隐形战斗机的真正航母。第三，发展远程打击武器：除联合攻击导弹（JSM）外，引进并部署陆基“宙斯盾”系统，探讨引进“萨德”系统，并计划引进射程更远的巡航导弹（如战斧式），大大提升了日本的远程精确打击能力，远超“专守防卫”所需的防御性范畴。

综上所述，安倍晋三宣扬的“积极和平主义”，其核心是通过重新解释宪法、修改法律、放宽武器出口限制、发展进攻性能力等手段，系统性削弱宪法第九条的约束力，使日本获得“正常国家”所拥有的集体自卫、海外派兵、发展强大军力（包括进攻性武器）等权利。“积极”在于主动突破限制，“和平”则更多是服务于战略目标的修辞，其本质是对战后日本“和平宪法”精神的一次重大偏离和修正。

2. “安倍国防学”：战后安全政策加速激进转型的集中体现

所谓“安倍国防学”，其核心在于：以“积极和平主义”为名，通过系统性、高强度的顶层设计、法制突破、体制改革和军力建设，全方位、多层次、宽领域地加速推进日本的“国防正常化”和“军事大国化”，使其摆脱“战后体制”束缚，获得与其经济地位相称的军事力量和国际安全角色。其转型的速度、广度和深度，都远超冷战结束以来的历届日本政府，具有鲜明的激进性。

一是顶层设计与法制体系的重构。具体包括：第一，制定《国家安全保障战略》。这是日本战后首个综合性国家安全战略文件，将中国军力发展和朝鲜核导弹发展列为“地区课题”，明确提出要转变过去的“消极”姿态，奉行“基于国际协调的积极和平主义”，为后续政策突破奠定战略基础。第二，连续修订《防卫计划大纲》。2013 年版大纲提出“统合机动防卫力量”构想，强调机动性、快速反应和联合作战，特别是加强西南岛屿防卫和两栖作战能力。2018 年年底制定的新版《防卫计划大纲》则进一步提出“跨域防卫”构想，整合太空、网络、电磁等新领域战力，并明确写入发展“对敌基地攻击能力”和航母化改造。《防卫计划大纲》修订的频率和突破性内容均显示出其激进性。第三，密集出台安保相关法案，如《特定秘密保护法》(2013 年)、解禁集体自卫权的内阁决议(2014 年)、“防卫装备转移三原则”(2014 年)以及“新安保法案”(2015 年)等,安倍政府在短时间内构建起支撑其军事大国化的法律框架。

二是安全决策体制的集权化与高效化。第一,设立“国家安全保障会议”。该会议 2013 年设立,以首相、内阁官房长官、外务大臣、防卫大臣组成的“四大臣会议”为核心,旨在加强首相官邸在外交安保领域的统筹决策能力,打破部门壁垒,提高危机应对效率。这是“自第二次世界大战以来日本外交和安全政策机构最雄心勃勃的重组”。第二,军力结构与作战能力发生质变。安倍执政期间,防卫预算持续增长并实现“六连增”,虽受“不超过 GDP 1%”的隐性限制,但绝对数额屡创新高,为日本军力扩张提供了财政保障。第三,构建联合作战体系。2018 年,日本成立陆上自卫队“陆上总队”,以便统一指挥;计划设立联合司令部及联合导弹防御部队;持续强化海陆空自卫队与美军的联演联训和一体化。第四,进攻性/远征能力建设。不仅成立了专门的两栖作战部队“水陆机动团”,而且推动“出云”级准航母改造及引进 F-35B 舰载机;引进 F-35A 战斗机、新型预警机、新型潜艇(计划增至 22 艘)、P-1 巡逻机等先进装备;计划并着手引进远程巡航导弹(JSM、探讨引进战斧)。第五,前沿部署与力量投送。强化西南防卫，将防务重心转向西南诸岛，部署岸舰导弹、防空导弹、电子战部队，新建扩建基地，构筑针对中国的“要塞化”岛链；介入南海常态化，派遣大型水面舰艇（包括“出云”号、“加贺”号准航母）、潜艇、P-3C/P-1 巡逻机进入中国南海地区进行巡航、演习、访问，频率和强度显著提升，且与东南亚国家（菲律宾、越南等）深化防务合作，意图在南海建立常态化军事存在；将防卫力量拓展至第二岛链，在小笠原群岛（如硫磺岛）加强部署移动式警戒管制雷达等，监控中国海空力量的远洋活动。

三是深化日美同盟并拓展“印太战略”。2015 年，安倍政府推动修订《日美防卫合作指针》，解除自卫队对美合作的地理限制，强调“全球性”同盟，建立“常设联盟协调机制”（ACM），大幅拓展合作领域（太空、网络、ISR 等），深化一体化。同时，积极倡导和推进“自由开放的印太战略”（FOIP），将安全合作范围从亚太拓展至印度洋，强化与美国、澳大利亚、印度等国的安全合作（如“美日印澳四方安全对话”，QUAD），构建针对中国的战略围堵网络。

3. “安倍国防学”的消极影响：形成偏离惯性，冲击和平根基

安倍晋三执政 8 年间推动日本安全政策激进转型，

其消极影响是深远且多层次的，不仅体现为对地区安全的冲击，更在于其在日本国内形成政策偏离惯性，并对战后和平主义社会思想基础形成深层次冲击。

一是通过路径依赖与制度固化，形成安全政策加速偏离的“惯性”。安倍时代设立的关键机构（如国家安全保障会议）、通过的重大法案、确立的新政策方向以及庞大的军备采购计划，都具有很强的路径依赖性和制度惯性。后续政府很难轻易推翻或大幅回调这些既成事实，反而需要在此基础上继续推进，如持续推进“对敌基地攻击能力”的讨论，落实远程导弹部署，深化“印太战略”等。

二是可能产生加剧突破“禁忌”的示范效应。安倍成功解禁集体自卫权、通过“新安保法”、公开讨论并实质性发展攻击性能力、推动舰艇航母化改装等，打破了战后长期存在的诸多政治和舆论禁忌。这为后续更激进的举措（如最终修宪）铺平了道路，降低了国内的政治阻力和社会心理门槛。后续政治家在安全议题上采取更激进的立场，有了“先例”可循。

三是从深层次冲击了战后日本的和平主义社会和思想基础。一方面，战后日本社会形成的以“和平宪法”为核心的“安全认同”（如反战、非武装、“专守防卫”），在安倍政府持续宣传和政策实践的影响下，正经历缓慢但深刻的嬗变。虽然民意调查显示公众对过度军事化仍存警惕，但防卫预算连年增长且争议相对减少、自卫队海外行动逐渐增多并被部分接受、关于“反击能力”的讨论进入主流等迹象，都表明和平主义共识正在被侵蚀。换言之，日本社会对军事力量“持久、根深蒂固的怀疑”仍然存在，但其约束力在政策精英层已被显著削弱。另一方面，历史修正主义与民族主义发生耦合。安倍的历史修正主义倾向（如否认侵略战争性质、参拜靖国神社）与其强军路线相互强化，这种结合刺激了国内民族主义情绪，将“强大日本”与“军事崛起”挂钩，进一步消解了对和平主义价值的坚守，为日本安全政策的激进转型提供了社会土壤，并做了思想动员。

（三）固化：“新安保三文件”与日本安全政策激进转型的延续

2022 年 12 月日本内阁会议通过新版《国家安全保障战略》《国家防卫战略》《防卫力量整备计划》三份文件，标志着战后日本防卫政策的根本性转折。这一重大转型并非孤立事件，而是 2012 年年底安倍晋三再度执政后所推行路线的系统性固化与终极呈现。从“安倍路线”的萌芽到岸田执政时期的政策落地，日本安全政策已实质性抛弃了“和平宪法”精神，其因果逻辑与消极影响值得深度剖析。

1. 日本"新安保三文件"系统性突破和平主义的具体表现

第一，颠覆防卫原则，使进攻性武力合法化。"新安保三文件"正式引入了"反击能力"（即"对敌基地攻击能力"），允许自卫队在未受直接攻击时实施先发制人的打击。比如采购美制"战斧"巡航导弹（射程超1600千米）、升级日本产12式岸舰导弹（射程1000千米以上）、研发高超音速武器等。这些措施彻底背离"专守防卫"原则，打破了战后日本不保有进攻性武力的禁忌。

第二，军费激增，打破历史限制。2023—2027年度日本的防卫预算总额定为43万亿日元（较前五年增长60%），并计划在2027年度实现"防卫费占GDP 2%"的目标。而此前，日本长期遵守"防卫费不超过GDP的1%"的惯例[①]，被视为和平主义的财政红线。

第三，战略定位转向对抗性。新版《国家安全保障战略》将中国定位为"迄今最大的战略挑战"，取代了2013年版文件中的"担忧"表述。同时，放宽"防卫装备转移三原则"，扩大武器出口，深化与北约

① "防卫费不超过GDP的1%"的惯例，是1976年三木武夫内阁确立的日本防卫预算上限，象征着日本强调"经济优先于军事"的和平国家定位。

及“志同道合的国家”的军事合作，以推动“日美军事一体化”。

第四，突破战后安保体制框架。通过“反击能力”重构日美同盟分工，日本从“专守之盾”转向兼具“进攻之矛”，谋求对美战略自主性。[①] 比如，与英国和意大利共同开发新一代战斗机，突破高技术装备依赖美国的传统。

2. “新安保三文件”的消极影响

“新安保三文件”彻底背离了“和平宪法”精神与“专守防卫”原则，标志着日本战后长期坚持的“不保有攻击性武力”“军费自律”等和平主义核心支柱已然崩塌。所谓“反击能力”，其本质是先发制人的打击能力，与宪法第九条禁止“武力行使”及“战争力量”保有的规定直接冲突。防卫费与GDP之比突破2%，更是向“正常军事大国”标准看齐，与日本和平国家的自我定位背道而驰。

第一，严重破坏东亚地区安全与稳定。首先，加剧军备竞赛。日本庞大的扩军计划，尤其是增持进攻性武器必然刺激周边国家强化自身军备作为回应，形成恶性循环，破坏地区国家互信。其次，制造分裂对

① 所谓“追求战略自主”，是指日本试图通过强化自身威慑力，改变“美国攻、日本守”的同盟分工，减少对美依赖。

抗。日本明确将中国定位为“最大战略挑战”，并深度绑定美国“印太战略”，主动充当围堵中国的先锋，将加剧中美战略竞争烈度，迫使地区国家选边站队，撕裂区域合作氛围。最后，台海风险外溢。日本频繁炒作“台湾有事”，将自身安全与台海局势强行捆绑，并发展针对台海的远程打击能力，将极大地增加军事误判和冲突升级的风险。

第二，冲击日本国内发展与社会民生，主要在于其财政不可持续。目前，日本政府债务占 GDP 的比重达 260%，为全球最高，经济长期低迷，通胀高企。43 万亿日元的巨额防卫费必然挤压对国内社会保障、教育、科技等民生领域的投入，日本政府或被迫增税、发债，将可能加重国民负担、加剧社会矛盾。

第三，“和平主义”的社会共识被侵蚀。虽然当前民调显示部分受访民众支持“增强防卫力”，但日本社会深厚的和平主义根基仍是重要制约。不过，“新安保三文件”的激进突破正利用危机叙事不断冲击和弱化这一共识，长远来看可能导致社会价值观撕裂。

第四，延续历史阴影与信任赤字。日本未能彻底清算侵略历史，政客在历史问题上反复无常。在此背景下，其大力发展进攻性军事力量、显著提升地区军事存在感的行为，必然引发曾遭受日本军国主义侵略的亚洲邻国的高度警惕和强烈担忧。这种基于历史问题的战略互信缺失，是新政策引发地区强烈反弹的深层原因。

3. 隐忧与制约：失控风险与刹车机制

如前所述，“安倍路线”已通过“新安保三文件”得以固化，其失控风险确实存在，但亦存在制约因素。第一，社会和平主义根基。日本民众虽忧心安全，但对极端保守政客（如石原慎太郎）的排斥、对增税扩军的实际抵触以及自卫队“救灾”的根深蒂固形象，学术界对军事研究的伦理抵制等，构成了潜在的社会约束力。第二，天皇制的象征性制约。天皇与自卫队保持严格绝缘（如不视察军营、不参加军演），拒绝为军事行动背书，这从象征和精神层面制约了军国主义意识形态的复活基础。第三，美国的双重角色。美国虽乐见日本分担防务成本并强化对华遏制，但也警惕日本过度追求战略自主可能脱离其掌控。因此，美国强调“一体化威慑”，意在通过深度整合指挥、装备、训练确保美军主导权，成为制约日本军事独立性的外部枷锁。

（四）小结

战后确立的“和平宪法”尤其是第九条，明确规定放弃战争、不保有战争力量、否认国家交战权，奠定了日本将“和平主义”作为国策的根基，旨在彻底摆脱战前军国主义。然而，自 2012 年安倍晋三第二次执政以来，通过一系列激进的安全政策改革，日本的国家发展道路已发生实质性偏移，显著偏离了战后和平主义路线。其政策内核与军事扩张态势，客观上增加了战前军国主义思想与行为模式死灰复燃的系统性风险，为东亚乃至国际安全敲响了警钟。

1. 宪法根基的动摇与架空：和平主义出现制度性退却

日本坚持和平主义路线的核心保障在于宪法约束。而安倍政府通过“创造性解释”和渐进立法，系统性架空了宪法第九条。先是 2014 年通过内阁决议解禁“集体自卫权”，允许日本在盟国受袭时使用武力介入，从根本上颠覆了“专守防卫”原则。更具标志性的是 2022 年 12 月岸田内阁通过的“新安保三文件”，明确提出发展可对敌方基地实施先制打击的“反击能力”，并大幅提升防卫预算。这实质上是在政策层面完成了对宪法禁止“武力行使”和保有“攻击性武器”限制的突破。换言之，日本实际上已经在安全政策方面基本实现了对战后“和平宪法”的突破、架空，修宪与否已非关键，“和平宪法”的实质性约束力已名存实亡。

2. 强军扩武的激进实践：军备扩张日益常态化

安倍及其继任者推行了持续10年的强军路线，与战后日本长期遵循“基础防卫力量”理念形成了鲜明对比。2013—2022年度，日本的防卫预算实现“十连增”，从4.71万亿日元增至5.4万亿日元，并计划2023—2027财年防卫费总额增至43万亿日元（约为GDP的2%）。从装备发展看，日本加速获取远程巡航导弹（如12式导弹改进型）、隐形战机（F-35）、航母化改装“出云”级护卫舰等典型的进攻性武器。同时，推动防卫体制向“举国体制”转型，整合军民力量，并大力拓展太空、网络、电磁等新兴作战领域，构建“跨域联合防卫力量”。这种持续、全面、目标明确的军力扩张，已远超“专守防卫”所需，标志着日本向“准军事大国”的实质性跃进。

3. “动武能战”的战略松绑：军事逻辑成为优先考量

安倍政府在“动武”门槛上进行了多维度松绑。2015年通过“新安保法案”，将海外派兵从“一事一议”变为“常态化”，允许自卫队在“存亡危机事态”下行使集体自卫权，并放宽武器使用标准。“新安保三文件”则正式将“发展对敌基地攻击能力”纳入国家战略，并详细规划了涵盖“灰色事态”、岛屿防卫、新兴领域冲突等多样化作战场景。自卫队的角色定位也已从“国土守卫者”彻底转向能参与高强度联合攻防作战的“跨域联合防卫力量”。这种以实战能力为牵引、不断降低“动武”门槛的战略取向，与和平主义强调的“非战”与“克制”精神背道而驰，军事手段在日本国家战略工具箱中的地位得以空前提升。

4. 社会认知的质变：民族主义与“正常化”诉求形成合流

政策转型的深层支撑在于国内社会认知的演变。自民党长期推动修宪舆论引导，利用朝核威胁、中国崛起等议题，塑造了强化军备的“必要性”叙事。民调显示，针对 2022 年“新安保三文件”所允许的“反击能力”，持赞成态度的受访者占比超过一半，[①]与 2015 年“新安保法案”通过时反对率高达 57%形成了巨大反差。而且，对“扩军”持赞成态度者占比 48%也首次超过反对者的占比（41%，《每日新闻》）。这种从“护持和平宪法”到“强军拥武”的民意转向，为日本军事崛起提供了关键的“国内认知土壤”，

① 《朝日新闻》的统计为 56%，《日本经济新闻》的统计为 65%。

也反映出战后长期占主导地位的和平主义思潮在社会层面显著衰退。

5. **地缘棋局的利用：外部催化与战略投机交互作用**

外部环境剧变，特别是美国“印太战略”要求盟国分担防务责任及对华战略竞争加剧，为日本军事松绑提供了绝佳借口和外部合法性。一方面，日本主动强化自主防卫力量以“取悦”美国，并深化日美同盟在联合作战、装备技术、太空网络等领域的全方位融合；另一方面，日本以“自由开放的印太”为旗号，积极拉拢澳大利亚、印度、英国、法国等“价值观伙伴”，构建多边安全合作网络，为其海外军事存在与行动营造“积极的国际软环境”。这种利用大国博弈主动推进“军事正常化”的战略投机，加速了日本偏离和平轨道的进程。

概言之，日本安全政策调整最根本、最危险的冲击就在于，其系统性、长期性地背离了日本战后“和平宪法”精神与和平主义发展道路。这不仅掏空了日本作为和平国家的立国之基，更向东亚地区投入了加剧军备竞赛、制造分裂对抗、升高冲突风险的巨大变量，不可避免地唤醒了亚洲邻国对日本历史污迹的惨痛记忆与深切忧虑。虽然日本国内社会和平主义根基、天皇制象征性制约以及美国的战略管理意图会构成一定的隐性刹车，但在右翼政治主导、危机叙事盛行和美国战略需求驱动的背景下，日本这辆已然偏离和平轨道的列车的失控风险不容低估。东亚乃至世界的和平稳定，正面临日本激进转型带来的严峻挑战。

主要参考文献

中国第二历史档案馆编：《中华民国史档案资料汇编》，江苏古籍出版社 1997 年版。

中央档案馆编：《中央档案馆藏日本侵华战犯笔供选编》（共 120 册），中华书局 2015 年版。

步平、辛培林主编：《化学战》，黑龙江人民出版社 1997 年版。

何天义主编：《日军枪刺下的中国劳工》（共 4 卷），新华出版社 1995 年版。

沈强主编：《中国人民抗日战争纪念馆藏日本强掳中国赴日劳工档案汇编》，国家图书馆出版社 2014 年版。

程兆奇主编：《远东国际军事法庭庭审记录·中国部分》，上海交通大学出版社 2015 年版。

梅汝璈：《远东国际军事法庭》，法律出版社 1988 年版。

远东国际军事法庭编：《远东国际军事法庭判决书》

（上中下卷），张效林译，国家图书馆出版社 2014 年版。

［日］粟屋宪太郎：《东京审判秘史》，里寅译，世界知识出版社 1987 年版。
［美］约翰·W. 道尔：《拥抱战败》，胡博译，生活·读书·新知三联书店 2009 年版。

Peter Williams and David Wallace, *Unit 731: Japan's Secret Biological Warfare in World War II*, New York: The Free Press, 1989.

吉見義明『従軍慰安婦資料集』、大月書店、1992 年。
岩川隆『孤島の土となるとも—BC 級戦犯裁—』、講談社、1995 年。
和田春樹『「平和国家」の誕生—戦後日本の原点と変容』、岩波書店、2015 年。
古関彰一『「平和国家」日本の再検討』、岩波書店、2013 年。
竹前栄治・中村隆英監修『GHQ 日本占領史』、第 6 巻、日本図書センター、1996 年。
常石敬一『消えた細菌戦部隊—関東軍第 731 部隊—』、海鳴社、1989 年。

杨伯江，法学博士，中国社会科学院日本研究所所长、研究员，博士生导师，中华日本学会会长（法人代表），中国太平洋学会常务理事，亚太安全合作理事会中国委员会委员。曾任国际关系学院教授、中国现代国际关系研究院研究员、美国布鲁金斯学会访问学者、哈佛大学费正清东亚研究中心访问学者、日本国际论坛客座研究员、日本综合研究开发机构客座研究员。研究方向为大国关系、亚太地区安全、日本问题。

近年主要研究成果：《平成时代日本对外援助的战略性演进及其特点》（合著）、《中日韩合作战“疫”与东北亚区域治理》《从尼克松到特朗普：国际战略视角下两场“冲击”的历史比较与日本因应路径分析》《日本参与“一带一路”合作：转变动因与前景分析》《日本国家战略转型：认知重构与路径选择》《构建中日新型国家关系：双轮驱动下的合作共赢》《国际权力转移与日本的战略回应》《新时代中美日关系：新态势、新课题、新机遇》《特朗普执政以来的美日同盟：演变、矛盾及影响》《弘扬条约精神，推动中日关系重返正常发展轨道》《“一带一路”推进过程中的日本因素》（合著）、《习近平国际战略思想与对日外交实践》（合著）、《美国对日政策内在矛盾及地区战略影响分析》《日本强化介入南海：战略动机、政策路径与制约因素》《东北亚地区如何实现与历史的“共生”——从“大历史”维度思考中日韩和解合作之道》《战后70年日本国家战略的发展演变》《美国战略调整背景下日本“全面正常化”走向探析》《日本民主党对外战略走向与中日关系》《日本自民党政治走向历史性衰退》《民主党新政与日本之“变”》《中日关系：“暖春”时节的形势与任务》《后小泉时代中日关系的再定义》(英文)、《当前日本对外战略：成因、手段及前景》《从总体趋势中把握中美日三边关系》《当前日本社会思潮与“新民族主义”》等。